インド密教史

田中公明
Tanaka Kimiaki

春秋社

八大菩薩曼荼羅（メトロポリタン美術館）

インド密教史　目　次

インド密教史

第一章　はじめに

1　本書の目指すもの

中世インドで成立した大乗仏教の一潮流＝密教は、やがてアジア各地にもたらされ、東アジアのみならず東南アジアや内陸アジアにも伝播して、八世紀から一〇世紀にかけて大いに流行した。

しかし密教は、灌頂《かんじょう》という秘密の入門儀礼を受けた者にしか伝授されず、その法系が一旦断絶してしまうと、文献や美術品は残っていても、その伝統は二度と復元できないという特徴をもっていた。そして現在、密教を体系的に伝えるのは、日本とチベット・ネパールだけである。しかし、かつてアジアに広く流行したことは、各地から出土した密教像などの考古学的遺物が雄弁に物語っている。

日本に流布する真言・天台密教の源流を、その故国であるインドに遡って研究するためには、サンスクリット語の密教文献を研究する必要がある。ところがインドでは、一三世紀に組織的な仏教が滅亡してしまったため、仏教の原典は、ほとんど遺されていなかった。

ところが一九世紀にネパールでサンスクリット語の仏教写本が発見され、その中には多数の密教文献が含まれていた。またインドの原典を忠実に翻訳した『チベット大蔵経』も利用できるようになり、インド密教に関する知見は飛躍的に拡大した。

そこで著者は、これらの文献資料に加え、最新の考古学的知見を取り入れ、五〜六世紀にインド密教の原初形態が現れてから、七〜八世紀における『大日経《だいにちきょう》』『金剛頂経《こんごうちょうきょう》』の成立を経て、チベット・ネパール密教の源流である九世紀以後のインド後期密教に至るまで、インド密教の歴史的展開をたどる概説書の刊行を思い立った。

著者はこれまで、東洋大学大学院で、『両界曼荼羅の源流』（春秋社）を教科書として、「インド密教研究序説」を講じてきた。しかし同書は本来、慶応義塾大学文学部（美術史）で講じた「曼荼羅《まんだら》の歴史的発展」の教科書として書かれたもので、密教美術や図像が中心となっていた。東洋大学のインド哲学仏教学科、しかも大学院の教科書としては、文献の成立史や思想・実践体系への言及が乏しいという問題があった。

そこで講義では、文献・思想面のトピックを適宜補説してきたが、東洋大学の講義も六年目を迎えることになり、別途教科書を刊行したいと考えるようになった。

本書が世に出れば、二〇二二年一月に刊行した『仏菩薩の名前からわかる大乗仏典の成立』（春秋社）を教科書とする春学期の「大乗仏典成立史」と、本書を教科書とする秋学期の「インド密教史」を合わせて、インド大乗仏教と密教の通史が完結することになり、大学の教科書としてだけでなく、密教に関心をもつ読者にも恰好の参考書となることが期待される。

その章立ては、東洋大学のシラバスに従って表1のようにした。まず『大日経』『金剛頂経』などの組織的な密教経典が成立する以前の初期密教に二章を宛て、文献と考古学的資料の両面から、その

表1　本書の構成と章立て

1. イントロダクション	
初期密教	2. インド石窟寺院に見られる密教的要素について
	3. 初期密教経典の成立
大日経	4.『大日経』の先行経典
	5. オリッサの密教美術
	6.『大日経』の成立
金剛頂経	7. 南天鉄塔の謎
	8.『理趣経』と『理趣広経』
	9.『初会金剛頂経』の構成
	10. 南天鉄塔の謎を解く
後期密教	11. 敦煌密教とチベット仏教ニンマ派
	12.『秘密集会タントラ』と後期密教
	13. 生起次第と究竟次第
	14. 母タントラの成立と展開
	15.『時輪タントラ』

実態を明らかにする。その後は、『大日経』とその成立過程を中心に三章を宛てることにした。いっぽう『大日経』と並び称される『金剛頂経』『理趣経《りしゅきょう》』系の密教については、四章を割いている。さらに後半の五章は、一九五九年のチベット動乱以後、国外に逃れたチベット仏教指導者の活動によって、海外で関心が高まっている後期密教関係のトピックに宛てることにした。

またインドで密教が誕生した時代と近接する西インドの石窟寺院、インドで『大日経』系の密教美術が発見される端緒となったオリッサ（現オディシャ）、中期密教から後期密教への移行期の状況を反映する敦煌《とんこう》密教については、とくに一章を設けて、まとめて説明することにした。

これによってこの一冊で、初期密教からインド最後の『時輪《じりん》タントラ』に至るまでのインド密教の発展が概観できるように計画している。

2　インド密教の研究史

日本における密教の研究は、平安時代初頭の密教伝来より、すでに一二〇〇年の歴史を有している。とくに平安中期から鎌倉初期にかけては、貴族階級を中心に加持祈祷《かじきとう》への需要が高まったこともあり、秘密事相《じそう》の研究が高揚し、『覚禅抄《かくぜんしょう》』『阿娑縛抄《あさばしょう》』をはじめ、図像や修法《しゅほう》について多数の文献が撰述された。

しかし室町・桃山と時代が下がるにつれ、修法に対する社会的需要は減少し、密教の研究も停滞する。やがて江戸時代に入って社会が安定すると、浄厳《じょうごん》（一六三九〜一七〇二）や慈雲飲光《おんこう》（一七一八〜一八〇五）らが、密教と戒律さらに梵学の復興を図ったことは注目に値する。

さらに明治に入ると、西洋の科学的方法を導入して批判的な仏教研究がはじまったが、本来、閉鎖的な性格をもっていた密教の研究は、なかなか近代化しなかった。

西洋における科学的な仏教学にならい、旧東京帝大でも仏教学が開講された時、官学に特定の宗教の講座を設けるのはいかがかという議論があり、仏教はインドの思想だから「印度哲学」という名称になった。それ以来、印度哲学科では、仏教研究の王道は思想・哲学からのアプローチであり、儀礼・芸術・教団の組織運営等は、その研究対象ではないという認識が一般的になった。曼荼羅や密教美術は仏教の思想を表現しているが、その形態は絵画や彫刻であるから、印度哲学ではなく美術史学の研究対象とされたのである。

このような状況の中、科学的な密教研究のパイオニアとなったのが、宗門外の美術史家である大村西崖《せいがい》・小野玄妙《げんみょう》（小野は浄土宗出身）であったのは示唆的である。大村は、密教について最初の批判的研究『密教発達志』（仏書刊行会、一九一八年）を世に問い、日本学士院賞に輝いたが、宗門系の学者からは厳しい批判を浴びることになった。

いっぽう高野山には栂尾祥雲《とがのおしょううん》が現れ、科学的な批判に応えて伝統教義を補強しただけでなく、新たにもたらされた『チベット大蔵経』を活用し、インドにおける密教の再構成に着手した。栂尾は、従来敬遠されていた事相の研究書の公刊にも踏み切り、その著書『曼荼羅の研究』『理趣経の研究』『秘密事相の研究』は、今日に至るまで読み継がれている。また彼の後、サンスクリットやチベット語の資料を駆使し、高野山の密教学を担った酒井真典・堀内寛仁などの教授陣が、栂尾の薫陶を受けたことも特筆に値する。

また栂尾は、大村が虚構として退けた『金剛頂経』十八会《え》十万頌《じゅ》の広本や南天鉄塔伝説についても、チベット系の資料や新たな考古学的知見を用いて、その実在を主張した。そして『チベット大蔵経』の中に、『金剛頂経』の第二会以下を比定するという課題は、主として門下の酒井によって果たされることになる。

このように戦前の学界では、密教の研究は、宗門外の美術史家と宗門系の密教学者によって担われてきた。なお前述の大村も、豊山《ぶざん》派の巨匠であった権田雷斧《ごんだらいふ》と親交を結び、小野も後年、高野山大学で講筵を張るなど、宗門外・宗門系の研究者の関係を、一概に対立の図式で解釈することはできない。しかし宗門外の研究者のアプローチが美術史的・図像学的であるのに対し、宗門系研究者のそれが伝統教理的・思想的であることは、明確な対照をなしている。

戦後になっても、このような密教研究の実態は変わらなかったが、高野山大学では、酒井、堀内に加え、松長有慶《ゆうけい》博士が教授に就任した（一九七〇年）。松長は、東北大学で羽田野伯猷《はたのはくゆう》教授の指導を受け、高野山に批判的な文献研究を導入した。

羽田野はチベット学の泰斗《たいと》として知られるが、インド密教についても多くの重要論文を発表し、その大半は『インド・チベット学集成』第三巻（法藏館）に収録されている。羽田野のインド密教研究は、主として松長博士に継承されたのである。そして松長博士の『秘密集会タントラ　校訂梵本』（東方出版）と『密教経典成立史論』（法藏館）は、従来のインド密教史が『大日経』『金剛頂経』の成立をもって終わっていたのに対し、後期密教の曼荼羅理論を確立した『秘密集会《ひみつしゅうえ》』とその釈タントラ類まで視野に含めた点で、その後の日本における後期密教研究の先駆をなすものとなった。

これに対して母タントラ類の研究は、『サンヴァラ』系を中心に多数の先駆的研究を発表した、津田真一博士の登場を待たねばならなかった。さらにインドで最後に成立した『時輪タントラ』の研究は、栂尾・羽田野の先駆的業績を除いては、拙著『超密教　時輪タントラ』（東方出版、一九九四年）をもって皓歯《こうし》とするといってよいであろう。

このように従来のインド密教史は、初期密教から中期密教を代表する『大日経』『金剛頂経』、あるいは『秘密集会タントラ』の成立で完結するものが大半であった。

その後、初期密教に関しては大正大学の教授陣を中心に『初期密教——思想・信仰・文化』、中期密教に関しては著者も二章を担当した『空海とインド中期密教』、後期密教では松長有慶編著『インド後期密教』上・下（いずれも春秋社）が刊行され、インド密教発展の三段階をカバーする概説書が刊行されたが、初期密教から最後の『時輪タントラ』に至るまでのインド密教の通史は、これまで書かれたことがなかった。

3　本書刊行の意義

著者はこれまで、本務先である（公財）中村元東方研究所の東方学院をはじめ、東京大学、三重大学、拓殖大学、大正大学綜合佛教研究所、高野山大学、慶應義塾大学、早稲田大学イクステンション・センター、東洋大学大学院、北京日本学研究センター、ロンドン大学ＳＯＡＳ等で非常勤講師や客員教授を務めてきた。この間、多くの著書を教科書に指定してきたが、一般に半年の講義は一二〜一三回、通年の講義は二四回から二五回程度となるため、各回を一章として予備の講義を含めて全体が一五章となるように配慮した。

自分の専門分野を大学で講じることは、研究成果を後進に伝えるだけでなく、自分自身の研究にも非常に有益であったが、著者もすでに齢六七となり、七〇歳定年の大学でも僅かに三年を残すのみとなってしまった。したがって本書は、著者の人生の中でも、大学の教科書として書かれた最後の著書になると思われる。

また曼荼羅や仏教美術、サンスクリット・チベットの密教文献という個別のテーマではなく、広くインド密教史全般を扱う概説となるため、これまで発表してきた多数の著書・論文の総集編になるものと位置づけている。

それだけに後で悔いが残らないよう執筆には細心の注意を払い、前後の矛盾や重複した記述がないよう心がけた。ただし本書第七章「南天鉄塔の謎」と第十章「南天鉄塔の謎を解く」は、慶応義塾大学の教科書として長年使用してきた『両界曼荼羅の誕生』と、その増補改訂版である『両界曼荼羅の源流』（ともに春秋社）の核心部分と、ほぼ同じ内容になっている。これは本書の刊行まで東洋大学大学院でも同書を教科書に指定していたためで、講義全体のハイライトともいうべきトピックであるから、あえてそのままにした。

また他の著書・論文で詳しく述べたトピックに関しては、詳細な情報をこれらの著作に譲り、本書では一部を要約したり、結論のみを述べた部分がある。より詳細な情報を必要とされる読者には、「参考文献」の欄に挙げた著書・論文を参照されたい。

また本書で取り上げる密教聖典の発展系統を図に整理して掲載した（図1）。この図は、事実上の処女出版である『曼荼羅イコノロジー』（平河出版社、一九八七年）以来、改良を加えながら拙著・拙稿で使用してきたが、本書の刊行に際して、さらに若干の改良を加えた。

本書の刊行が、これまで謎につつまれていたインド密教史の解明に、一石を投じるものになることを願っている。

図1

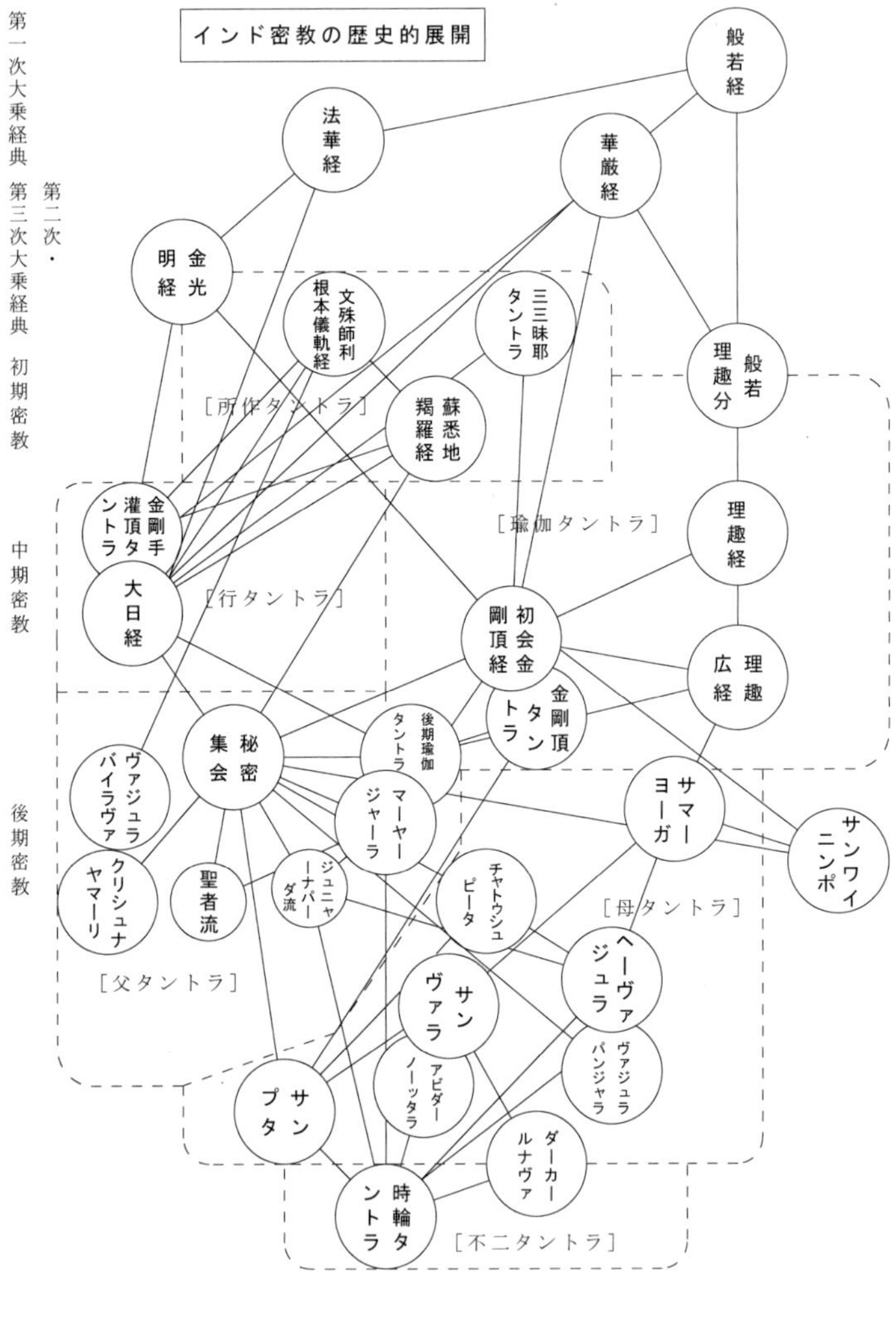

インド密教の歴史的展開
第一次大乗経典
第二次・第三次大乗経典
初期密教
中期密教
後期密教
般若経
法華経
華厳経
金光明経
文殊師利根本儀軌経
三三昧耶タントラ
般若理趣分
蘇悉地羯羅経
[所作タントラ]
金剛手灌頂タントラ
大日経
[行タントラ]
[瑜伽タントラ]
理趣経
初会金剛頂経
広理趣経
金剛頂タントラ
後期瑜伽タントラ
秘密集会
ヴァジュラバイラヴァ
マーヤージャーラ
サマーヨーガ
サンワイニンポ
クリシュナヤマーリ
聖者流
ジュニャーナパーダ流
チャトウシュピータ
[母タントラ]
ヘーヴァジュラ
[父タントラ]
サンヴァラ
アビダーノーッタラ
ヴァジュラパンジャラ
サンプタ
ダーカールナヴァ
時輪タントラ
[不二タントラ]

第二章　インド石窟寺院に見られる密教的要素について

1　密教成立の時代的背景

それではまず、インドに密教が現れた時代背景を簡単に見てゆきたい。

インドで密教が興起する五世紀から七世紀は、北インドをほぼ統一し栄華を極めたグプタ朝が衰退し、ポスト・グプタと呼ばれる群雄割拠の時代であった。その後、ハルシャ・ヴァルダナ王（在位六〇六〜六四七）やカナウジ王ヤショーヴァルマン（在位八世紀前半）によって北インドが一時的に統一されることはあったが、何《いず》れも短命に終わり、社会的混乱は八世紀後半にプラティハーラ朝（北インド）、パーラ朝（東インド）、ラーシュトラクータ朝（南インド）による三国鼎立《ていりつ》が固定するまで続いた。

この間、大いに勢力を拡張したのがヒンドゥー教のシヴァ派であった。彼らは、王権を強化したり、敵対者を打ち破るための儀礼を提供し、国王の支持を得ることに成功した。

これに対して仏教は、東インドのパーラ朝の諸王や、東海岸オリッサ（現在はオディシャと改称）のバウマカラ王朝（本書第五章参照）の支持を受けたが、その他の地域においては概して振るわず、教線の縮小は如何《いかん》ともしがたかった。

このような状況の中、ヒンドゥー教への対抗手段として導入されたのが、信徒の世俗的願望を叶える呪法や儀礼体系としての密教であったと考えられる。後の密教は修行者自身や信徒の成仏を目的とする実践体系に発展するが、初期の段階においては、あくまで自身や信徒の現世利益が主な目的であった。

またその説主も釈迦牟尼《しゃかむに》仏ではなく、ブッダのボディーガードから発展した夜叉《やしゃ》神、執金《しゅうこん》剛《ごう》秘密主《ひみつしゅ》が、忿怒軍荼利《ふんぬぐんだり》や蘇婆胡《そばこ》童子などの眷属の質問を受けて説くというパターンが多い。つまり初期密教の段階においては、成仏などの最終目的は、あくまで大乗仏典に説かれる顕《けん》教《ぎょう》の実践にあり、密教は国王の庇護を受けたり、檀《だん》信徒の信施を獲得するための手段に過ぎなかったのである。

2　主要な仏教遺跡の年代

つぎに初中期密教経典が成立した時代に開鑿《かいさく》されたインドの石窟寺院や、同時代に造営された仏教寺院の遺跡を見ることにしたい。

インドの石窟寺院は、デカン高原の西部に集中している（図1）。デカン高原は巨大な溶岩台地で、西が高く東が低い地勢となっている。そこで高原の西端には岩盤が地表に姿を現している露頭が見られ、これらの巨大な岩盤を掘削して石窟寺院が造られた。夏のデカン高原は気温が四〇度を超える酷暑となるが、石窟の内部は涼しく、僧侶が修行するのに適した環境となっている。それが莫大な労力を費やして、石窟を開鑿した理由と思われる。

まずアジャンター石窟は前期窟と後期窟に分かれるが、本書で取り上げる後期窟は五世紀から六世紀の成立と考えられる。ナーシク石窟も、前期窟と後期窟に分けられるが、本書で取り上げる後期窟は六世紀以後と考えられている。オーランガバード石窟は、同じマハーラーシュトラ州のアジャンターの後期窟の開鑿が終わった後、六〜七世紀にかけて造営され、エローラ石窟の開鑿の前に終結したと推定されている。このようにオーランガバード石窟が短命に終わったのは、岩盤が脆《もろ》く、天井が崩落する恐れがあったからと考えられる。これに対してエローラ石窟は、仏教・ヒンドゥー教・ジャイナ教という三宗教の石窟が軒を連ねているが、本書で取り上げる仏教窟は、前期が六〜七世紀、後期は八世紀まで下がると考えられている。

いっぽう長らくインド仏教の中心の地位を占めたナーランダー僧院は、四四〇年頃にグプタ朝のクマーラグプタ王によって創建されたといわれる。しかしその後、何度も火災に見舞われ、出土した遺物は八世紀以後のものが圧倒的に多くなっている。

図1

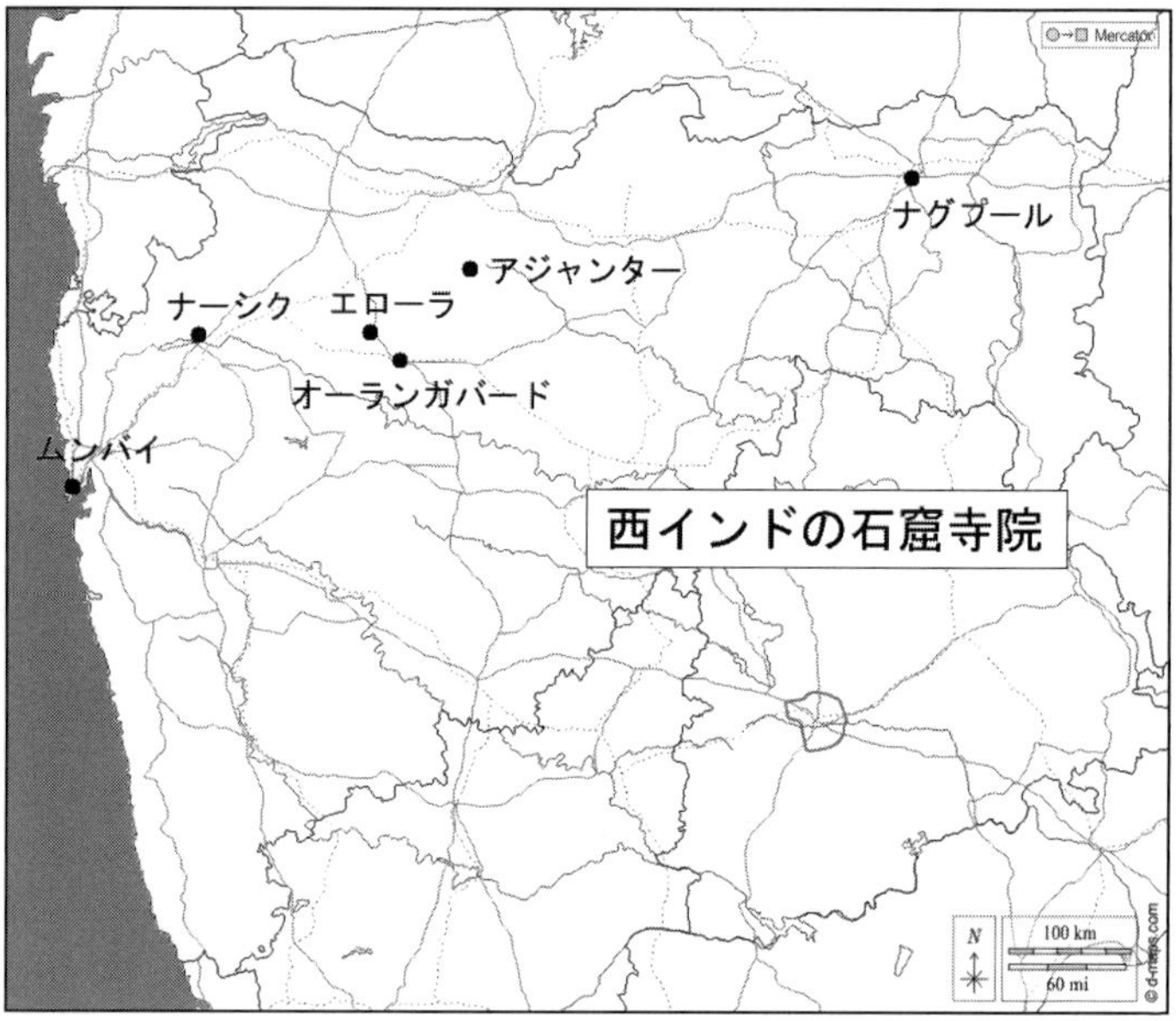

https://d-maps.com/carte.php?num_car=8842&lang=ja

ラトナギリ遺跡は、インド東海岸のオリッサ州のカタック地域にあり、ウダヤギリ・ラリタギリとともにオリッサ三大仏教遺跡（本書第五章参照）の一つに数えられる。その年代は第一期と第二期に分かれるが、初中期密教と関係が深い第一期は八～九世紀頃とされている。

3　三尊像から三部へ

インドではガンダーラ以来、礼拝像の形式として三尊像が多数制作された。なお釈迦・弥《み》勒《ろく》・観音《かんのん》の三尊像は、インドでは東インドを中心に、パーラ朝時代まで連綿と制作された。その理由は、降魔成道《ごうまじょうどう》の聖地＝ブッダガヤの金剛宝座本尊像が、このタイプの三尊像であったからと考えられる。

いっぽう古代北パンチャーラ国の首都だったアヒチャトラーからは、左右に蓮の蕾を持った菩薩（蓮華手）と護法神金剛手《こんごうしゅ》を伴った、マトゥラー様式の如来像（インド国立博物館［ニューデリー］所蔵＝二世紀）が出土している（写真1）。このうち金剛手は首に蛇を巻き付けており、ブッダのボディーガードの夜叉神、執金剛秘密主の姿をとどめている。これ以後もインドでは西インドを中心に、蓮華を持つ観音と、金剛杵を持つ金剛手を左右に配した三尊像が、多数の作例を遺すことになった。

アジャンターは、インドを代表する仏教石窟である。写真2のように、ワゴラ河の湾曲部の

写真１　仏三尊像（インド国立博物館）

写真２　アジャンター石窟

断崖に、三〇余りの石窟が馬蹄形《ばていけい》に開鑿されている。これら石窟の本尊は多くの場合、転法輪《てんぼうりん》印《いん》の如来像を中尊とする三尊像であるが、第二窟の右脇侍は、左手に蓮の花をもっている。しかし左脇侍は、左手を腰に当てるだけで金剛杵を持っていない。

いっぽう第四窟の両脇侍は、右脇侍が蓮の花、左脇侍は腰に当てた左手に金剛杵をもっており、釈迦・蓮華手・金剛手の三尊と考えられる（写真3）。ただ蓮華をもった右脇侍を観音に比定できるかについては、専門家の間でも意見の一致を見ていない。

アジャンターの壁画には、小乗の部派、説一切有部《せついっさいうぶ》の影響が強いとされるので、アジャンターで大乗が信仰されていたことに疑問を呈する研究者がいる。しかし著者は、七世紀に現地を訪れた玄奘《げんじょう》三蔵が、かつてアジャンターには、仏教論理学者のディグナーガが居住していたと記録していることに注目している。ディグナーガは『般若経』の綱要書、『般若波羅蜜多円集要義論《はんにゃはらみたえんしゅうようぎろん》』（大正一五一七）を著すなど、明らかに大乗を信奉していたからである。

また同じマハーラーシュトラ州のナーシクは、ヒンドゥー教の聖地として有名な都市だが、その南南西八キロほどの山の中腹には、仏教の石窟が開かれている。その年代については、従来六世紀から七世紀とされてきたが、山田耕二氏は七世紀から八世紀頃としている。何《いず》れにしてもナーシク石窟は、グプタ朝が崩壊してからパーラ朝の密教美術が花開くまでのポスト・グプタ期の成立で、『大日経』が成立し、胎蔵《たいぞう》曼荼羅が発展した頃の仏教図像を示している。

写真３　アジャンター第４窟脇侍像

写真4　ナーシク第23窟第3祠堂像

　この中でも第二三窟に付属する第三祠堂には、興味深い図像が見られる。この祠堂は奥壁に、倚座《いざ》の転法輪印如来像を中尊として、その左右に観音（蓮華手）・金剛手の脇侍を配する（写真4）。いっぽうその左右の壁には、中央にそれぞれ観音と金剛手を表し、その左右両側に各四段の区画を設け、合計八体の小菩薩像を現しているのが注目される（写真5、6）。残念ながら地下水による浸食のため、最下段の小菩薩像は図像が判別できないが、それぞれの小菩薩は、男女の性差と持物や座法に明確な特徴をもっている。

　現段階では、これらの小菩薩の尊名を同定することは困難だが、観音と金剛手を中心に発展してきた蓮華部や金剛部の眷属が、ここに一堂に集められていると考えるのは自然で

写真５　観音とその眷属

写真６　金剛手とその眷属

ある。そして彼らを、胎蔵曼荼羅の蓮華部・金剛部の眷属と考えることも可能である。

現在の胎蔵界曼荼羅は、蓮華部院・金剛手院の眷属として主要尊だけでも二十一尊を列するが、本来『大日経《だいにちきょう》』「具縁品《ぐえんぼん》」に説かれる蓮華部の眷属は八尊、金剛部の眷属は四尊に過ぎないからである。

このような釈迦・観音・金剛手の三尊は、日本では一般的ではないが、初期密教系の別尊曼荼羅の一つ、請雨経《しょううぎょう》曼荼羅には、転法輪印の釈迦如来を本尊として、観音・金剛手を左右に配した三尊像が見られる。

本書では第五章で詳しく見ることになるが、インド東海岸のオリッサは、中国に『大日経』系の密教を伝えた善無畏《ぜんむい》三蔵の故郷であり、八世紀から一〇世紀にかけて現地を支配したバウマカラ王朝は、仏教を篤く信仰したことで知られる。

ラトナギリ遺跡は、日本の前方後円墳のような二つの頂をもつなだらかな丘陵の上にある。その第四祠堂は、北の丘の南西隅にあり、一回り大きな第五祠堂の陰に隠れてしまうほどの小さな堂宇である。この小堂は東に面しており、西の正面には、本尊の胎蔵大日如来像が安置されている。胎蔵大日如来は、日本のものと同じく、両手で禅定印《ぜんじょういん》を結び、体には装身具をつけた菩薩形である（写真7）。

いっぽうその左右には、観音と金剛手の坐像が安置されている。このうち観音は、左手で蕾

写真７　ラトナギリ第４祠堂大日如来

をつけた蓮の茎（現状では欠失）を持ち、右手を蕾に添えて、開花させるしぐさをしている。これは日本の聖観音に見られる図像で、現図胎蔵界曼荼羅の観音（蓮華部院主尊）とも一致する（写真8）。

しかし観音が戴く五智宝冠に現された五仏は、転法輪印の毘盧遮那《びるしゃな》を中尊とする金剛界系の図像に一致しており、胎蔵系とはいえない要素も含まれている。

またこの観音は、光背と台座の左右に四人の眷属女尊を伴っている。このうち光背向かって左の女尊はターラー（多羅）、台座右下の女尊はブリクティー（毘倶胝）と考えられる。これらの女尊は、本章「4　三部から胎蔵曼荼羅へ」で見る観音三尊の脇侍であるばかりでなく、胎蔵曼荼羅の蓮華部でも観音の左右に配される重要な眷属尊である。

いっぽう金剛手は保存状態に難があるが、右手で金剛杵を持ち、左手は肘を張って腰上に金剛鈴を持っている。これは現図胎蔵界曼荼羅の金剛手（金剛薩埵《こんごうさった》）ではなく、金剛界曼荼羅の金剛薩埵に一致する図像である（写真9）。

このようにラトナギリ第四祠堂の尊像配置は、胎蔵曼荼羅の中心部（初重）の主要尊を抽出した構成を示している。これらの像は、ラトナギリから出土した他の胎蔵大日像と同じく、様式的に八世紀から九世紀の作とされ、胎蔵曼荼羅の成立後に造られたと考えられる。また観音や金剛手の図像は『金剛頂経』系の影響を受けており、純粋の『大日経』系とはいえない部分

写真８　同観音像

写真９　同金剛薩埵像

が見られる。

しかしその配置は胎蔵曼荼羅の基本構造に一致し、マトゥラー彫刻の時代から存在した釈迦・蓮華手・金剛手の三尊形式の本尊を、密教の教主である大日如来に変更したものと見ることができる。このような尊像形式が発展して胎蔵曼荼羅が成立したと考えることも可能である。

4　三部から胎蔵曼荼羅へ

いっぽうチベットのポタラ宮には、文殊《もんじゅ》を主尊とする三部主尊（リクスム・グンポ）像が収蔵されている。この作品は、カシミールの鋳造《ちゅうぞう》仏像にならって、一二世紀頃に西チベットで製作されたと考えられる。

三部主尊は、初期密教経典『蕤呬耶《すきや》経』に説かれるもので、仏部を代表する菩薩として文殊、蓮華部を代表する観音、金剛部を代表する金剛手を三尊形式で配置する。本作品のように、文殊を中尊とするのが一般的だが、チベット仏教圏では観音や金剛手を中尊とした作品も製作された。

そしてこのような三部の観念は、日本の両界曼荼羅の一つに数えられる胎蔵界曼荼羅に発展していく。

初期の曼荼羅は、釈迦・観音・金剛手の三尊形式から発展した仏部・蓮華部・金剛部の三部を基礎としていた。初期密教からの曼荼羅発展の最終的到達点ともいうべき胎蔵曼荼羅においても、このような三尊形式の名残りが、曼荼羅の三重構造の中に見られる。

つまり中心部（初重）の基本構造は、ラトナギリ第四祠堂像のように胎蔵大日を本尊とした観音・金剛手の三尊である。これに対して大日如来に主尊の座を明け渡した釈迦如来は、第二重に移り、東門の中に描かれる。いっぽう仏部を代表する菩薩とされた文殊は、一番外側の三重の主尊として、東門の中に描かれるのである（図2）。

5　観音三尊から蓮華部へ

エローラの初期仏教窟に分類される第四窟には、観音三尊の初期の例が見られる。本作品では、観音の左右に二人の女性尊が侍立している。このうち向かって左の女神はブリクティー（毘倶胝）、右の女神はターラー（多羅）と考えられる（写真10）。

ブリクティーは、観音が怒ったとき、その眉間の皺《しわ》（ブリクティ）から生まれたとされる女神、ターラーは、観音の瞳《ひとみ》（ターラー）から生まれた女神で、観音の救済に漏れた衆生をも救う、万能の救済者とされるようになった。

日本には、インドのような観音三尊像は見られないが、胎蔵界曼荼羅の蓮華部院では、観音の左右（現図では上下）に毘倶胝（ブリクティー）と多羅（ターラー）が配され、観音三尊が、

三尊形式から胎蔵曼荼羅へ

図2

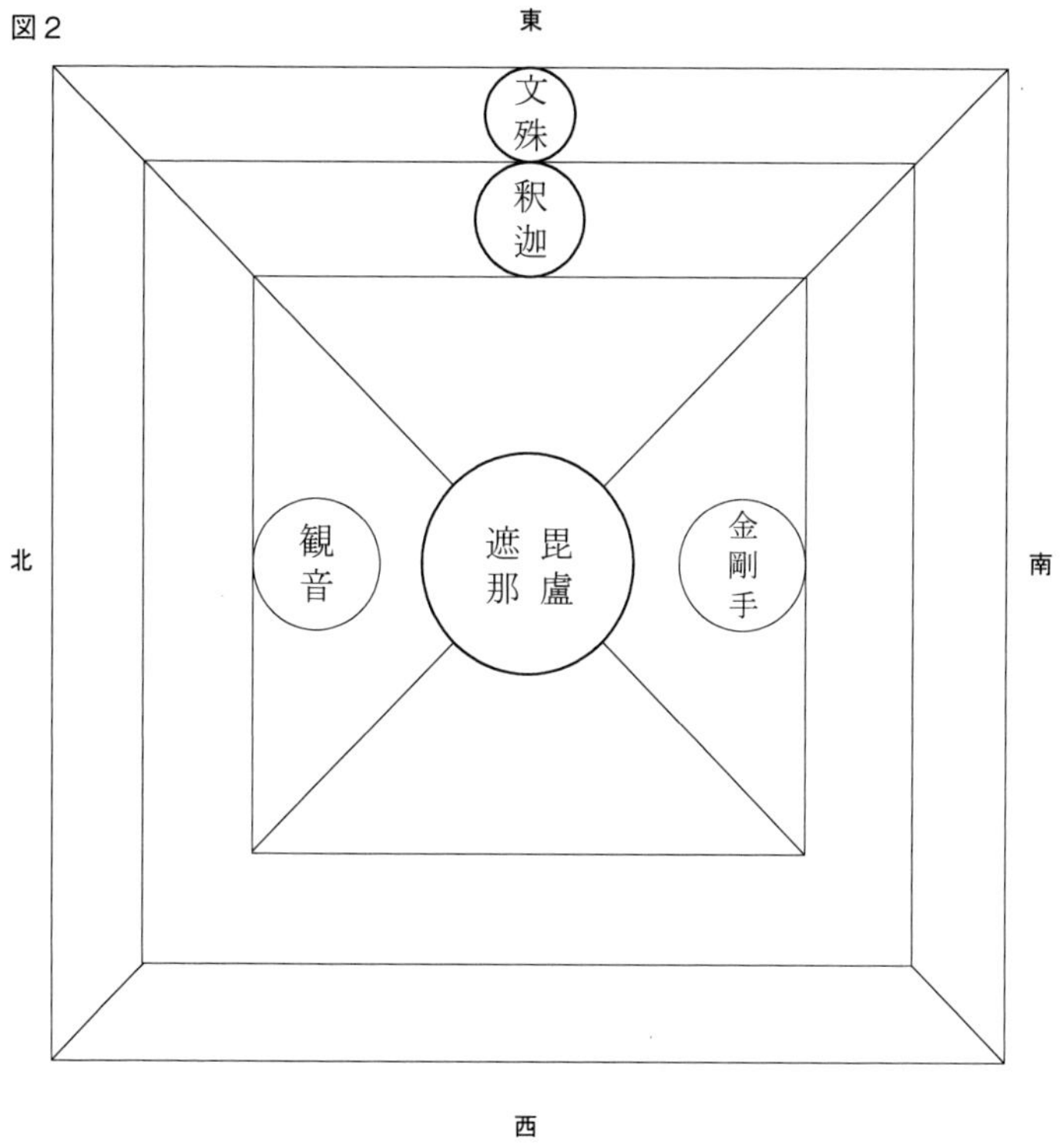

初期の曼荼羅は、三尊形式から発展した仏・蓮・金の三部形式を基礎としていた。初期密教からの曼荼羅発展の最終的到達点ともいうべき胎蔵曼荼羅においても、このような三尊形式の名残りが、曼荼羅の三重構造の中に見られる。

写真 10　エローラ第 4 窟観音三尊像

蓮華部院の中心部にはめ込まれた形になっている。

いっぽうチベットでも、このような観音三尊像は見いだすことができないが、胎蔵曼荼羅の観音部（蓮華部院に相当する）では、観音の左右に毘倶胝（ブリクティー）と多羅（ターラー）が配されている。チベットの胎蔵曼荼羅では、すべての尊格が主尊の大日如来の方を向いて描かれるので、蓮華部が観音三尊から発展したことを知るうえでは、より分かりやすい。

このように観音の一族郎党は、蓮華部というグループを形成し、後の大規模な曼荼羅にも大きな影響を与えたのである。

6　八大菩薩と胎蔵曼荼羅

ラトナギリの第五祠堂から発掘され、現在はラトナギリ考古博物館に収蔵される胎蔵大日如来像は、光背に八大菩薩を伴っていることが注目される（写真11）。

なお八大菩薩とは、大乗仏教で信仰される菩薩の中から主要な八尊をまとめたもので、テキストによって種々の組み合わせが説かれている。このうちインドで最も普及したのは、①観音②弥勒③虚空蔵《こくぞう》④普賢《ふげん》⑤金剛手⑥文殊⑦除蓋障《じょがいしょう》⑧地蔵という組み合わせで、これを頼富本宏教授は「標準型の八大菩薩」と名づけた。

現在のところ、胎蔵大日と八大菩薩の組み合わせは、インドからは本作品以外には見いださ

写真 11　胎蔵大日八大菩薩像（ラトナギリ考古博物館）

れないが、八世紀から九世紀にかけてシルクロード地域やチベットから、かなりの点数の作例が発見されている（本書第十一章参照）。

いっぽうエローラの第一一窟と第一二窟は、エローラ石窟の中では最も遅れて開鑿された仏教窟で、第一一窟は二階建て、第一二窟は三階建ての構造をもっている。そして第一一窟と第一二窟の各階には、本尊仏と八大菩薩の組み合わせが見られる（図３・図４）。

さらに第一二窟の一階と二階の五箇所の壁面に、禅定印如来の周囲に八大菩薩を配した「八大菩薩曼荼羅」が浮彫されていることも注目に値する（図５）。

このような本尊仏と八大菩薩の配置を、胎蔵界曼荼羅の上に重ねてみよう。図５のように八大菩薩は、東西・南北の中央軸線上や中心に描かれる中台八葉院の四隅など、胎蔵界曼荼羅の重要なポイントに配されていることが分かる（図６）。

このようにインドで七世紀から九世紀に成立した石窟寺院に見られる尊像配置は、七世紀に成立した『大日経』の胎蔵曼荼羅と、密接に関係していることが裏づけられる。

７　本章のまとめ

それでは本章の内容をまとめてみよう。

マトゥラーに現れた釈迦牟尼・蓮華手・金剛手の三尊像は、やがて釈迦・観音・金剛手の三

エローラの八大菩薩

図3

エローラ第12窟2階右辺

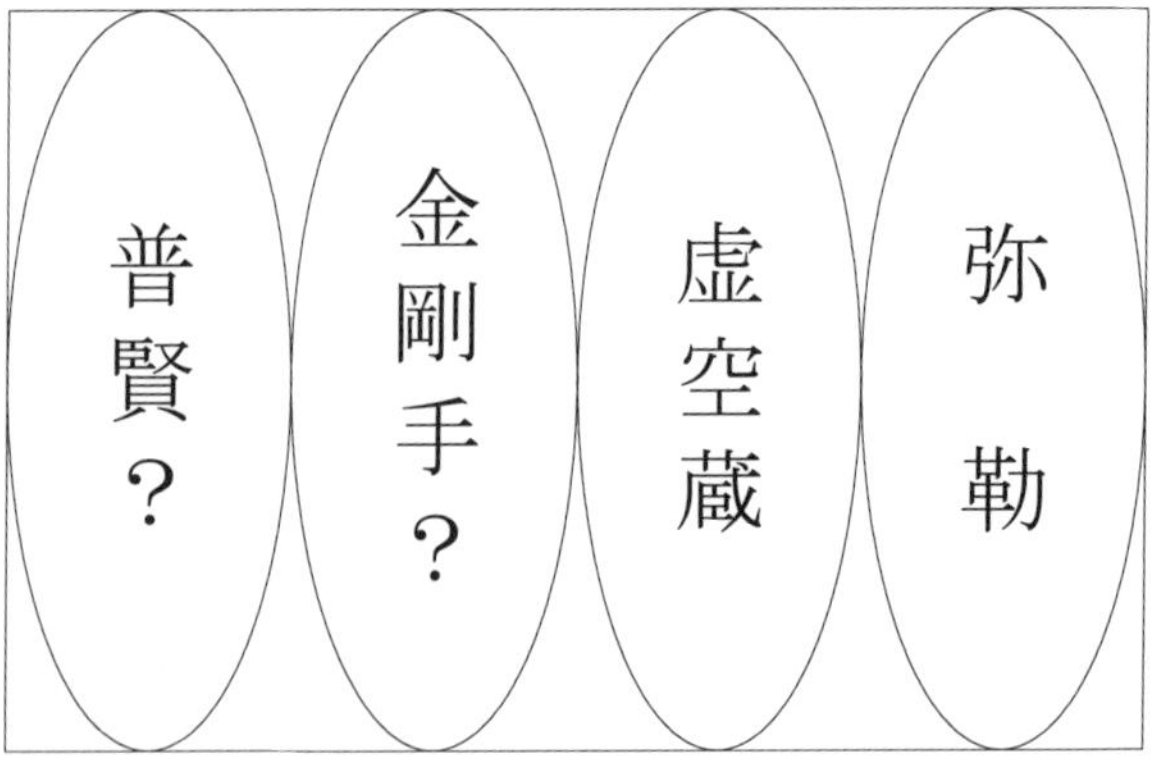

図 4

エローラの八大菩薩

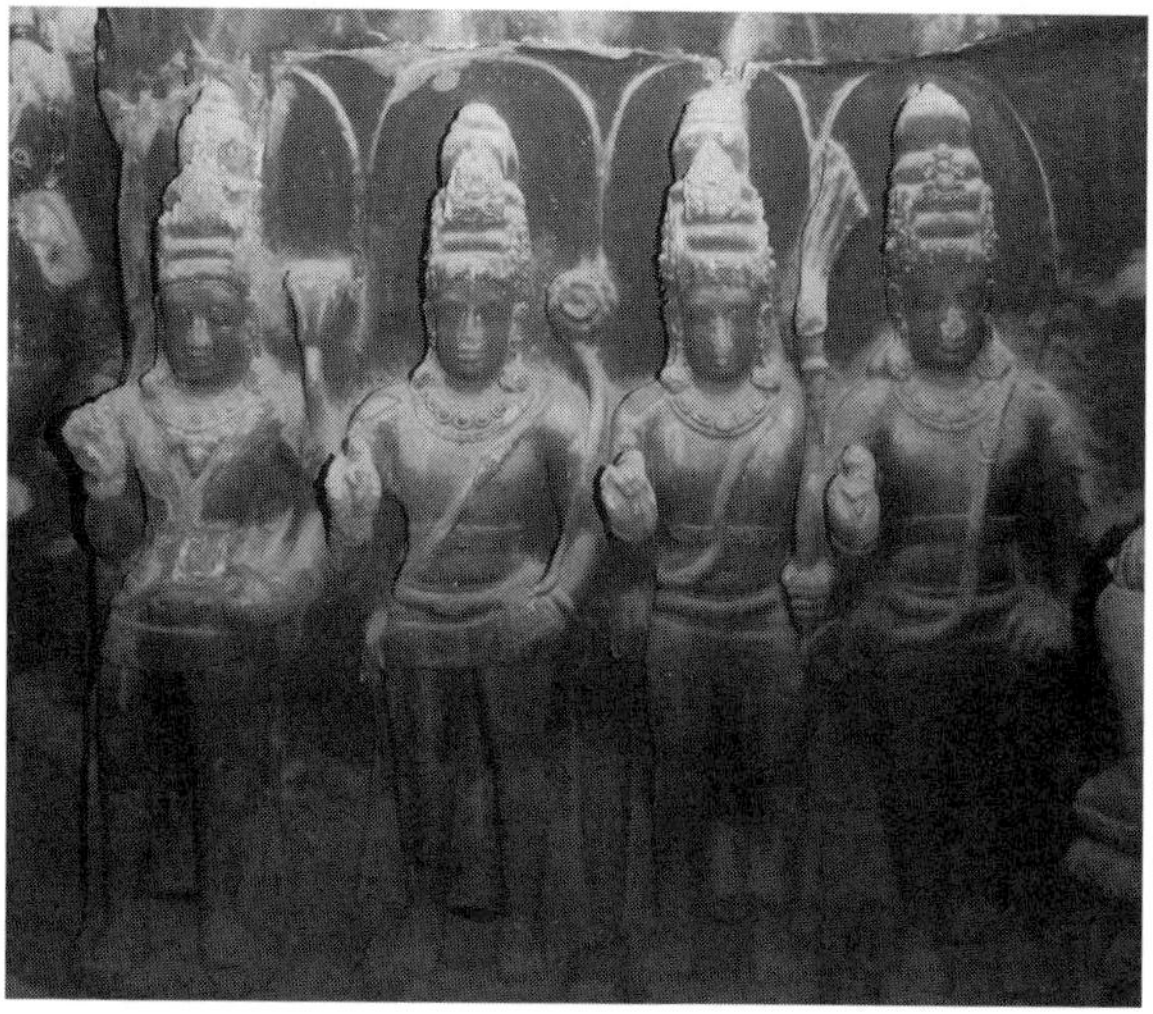

エローラ第12窟 2 階左辺

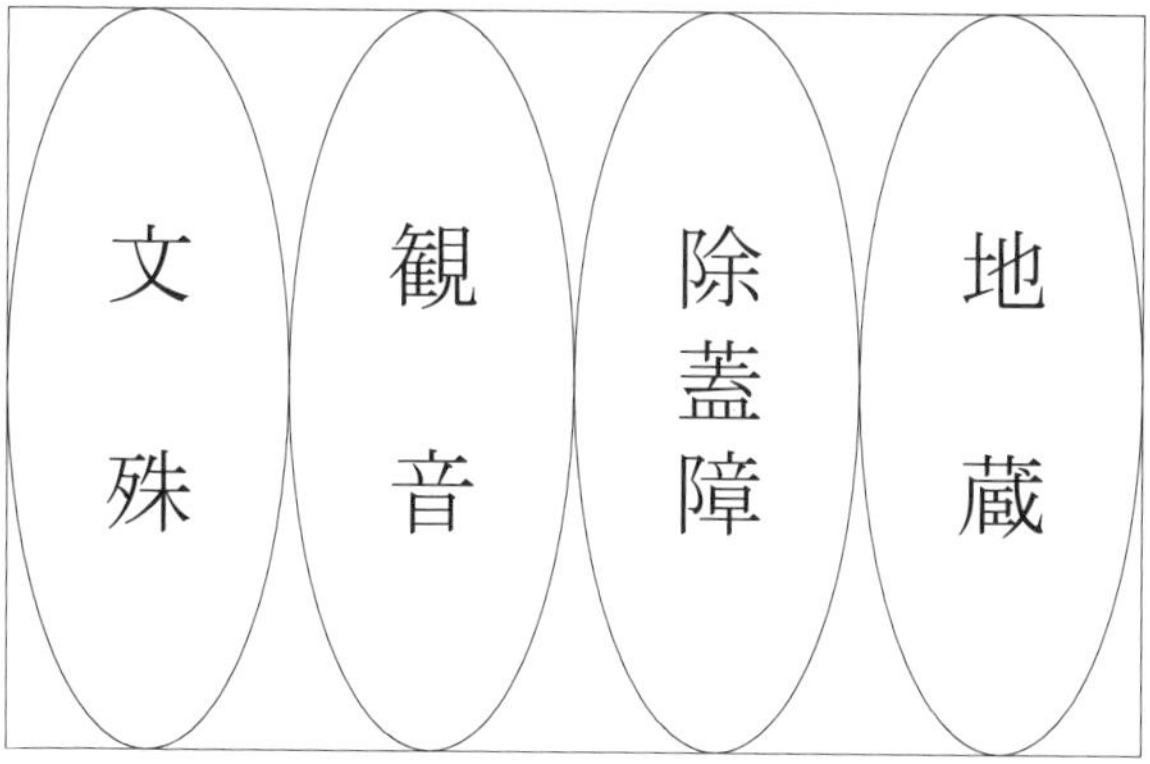

図５

エローラ八大菩薩曼荼羅

弥勒	虚空蔵	普賢
観音	毘盧遮那	金剛手
除蓋障	地蔵	文殊

胎蔵曼荼羅と八大菩薩

図6

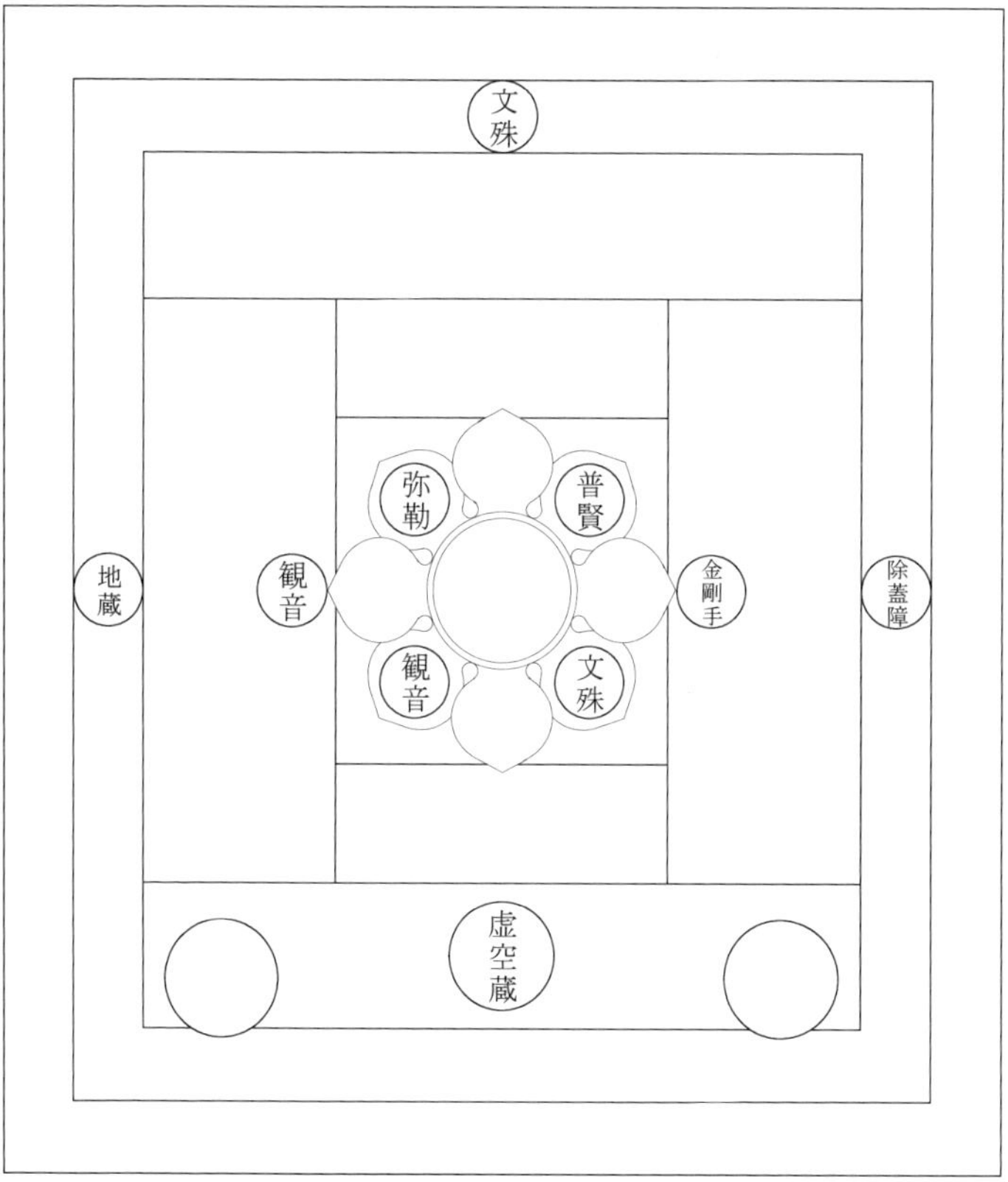

尊に発展し、初期密教の仏・蓮華・金剛の三部に発展する。

いっぽうラトナギリ第四祠堂の胎蔵大日三尊像は、密教の時代に入り、本尊が釈迦如来から大日如来へと変化したことを反映している。

この他、観音・ターラー・ブリクティーの三尊像は、日本には見られないが、胎蔵界曼荼羅の蓮華部院の中心部には、この三尊がはめ込まれている。

いっぽう大乗仏教で信仰される主要な菩薩をまとめた八大菩薩は、インド各地から作例が発見されているが、ラトナギリ第五祠堂に見られた大日如来と八大菩薩の組み合わせ（写真11）は、胎蔵曼荼羅の基本構造と一致している。

このように密教が成立した六〜七世紀に成立したインド石窟寺院に見られる尊像配置は、同じ時期に成立した初期密教経典と関連が深く、やがて三部立ての曼荼羅の最終到達点である胎蔵曼荼羅へと発展してゆくのである。

第三章　初期密教経典の成立

1　文献の成立年代

それではまず本章で取り上げる主要な初中期密教経典について、概観してみよう。インドでは一三世紀初頭に、組織的な仏教が滅亡してしまった。その後もインドには、一五～一六世紀頃まで仏教徒が残存していたことが明らかになった。しかしこれ以後、新たな密教聖典や注釈書が編集されることはなく、現在まで伝統的な大乗仏教と密教の混淆形態が残存しているネパールのカトマンズ盆地や、ヒマラヤ地域のチベット仏教圏、テーラヴァーダ仏教系のベンガル仏教が残存しているバングラデシュのチッタゴン地域を除き、インド亜大陸から伝統的な仏教は姿を消してしまった。

そこで初中期密教経典の成立年代に関しても、漢訳や、チベット仏教に伝えられた文献による以外に、歴史的な資料がない。そこで参考のため、主要な初中期密教経典の漢訳者とその来

表1　主要な初中期密教経典

経名	漢訳者	漢訳者年代	デンカルマ	パンタンマ
陀羅尼集経	阿地瞿多	652年来朝		
文殊師利根本儀軌経	天息災	980年来朝		
不空羂索神変真言経	菩提流志	693年来朝	◎	◎
一字仏頂輪王経	菩提流志	693年来朝		
蘇婆呼童子請問経	輸波迦羅	716年来朝	◎	◎
蕤呬耶経	不空	746年帰朝		◎
蘇悉地羯羅経	輸波迦羅	716年来朝	◎	◎
金剛手灌頂タントラ			◎	◎
上禅定品			◎	◎
最上明タントラ			◎	◎
三三昧耶タントラ				
大日経	善無畏	716年来朝	◎	◎
金剛頂経	不空	746年帰朝		◎

朝年代（不空《ふくう》の場合はインド留学から帰国した年）を整理してみた（表1）。

いっぽう『デンカルマ目録』は、チベットの吐蕃《とばん》時代に翻訳された経典の目録で、九世紀初頭に成立したものと見られる。これに対して『パンタンマ目録』は、長らくその実態が明らかでなかったが、ラサで発見された写本が二〇〇二年に刊行され、はじめてその全容が明らかになった。それによると目録は吐蕃の末年（九世紀中葉）まで増補されており、吐蕃時代に翻訳された密教経典は、翻訳が禁止されていた後期密教聖典を除き、ほぼ網羅されていると考えてよい。

表を見ると、『チベット大蔵経』に収録される初期密教経典の大半は、すでに吐蕃時代に翻訳されていたことが分かる。これに対して代表的な中期密教経典である『初会《しょえ》金剛頂経』は『デンカルマ目録』にはなく、『パンタンマ目録』のみに収録されている。著者は、敦煌《とんこう》出土のチベット語密教聖典（本書第十一章参照）の内容から、吐蕃時代に『初会金剛頂経』が知られていたと推定したが、『パンタンマ目録』の発見によって、この事実が裏づけられた。このように『パンタンマ目録』によって、吐蕃の末年までには主要な初期密教経典だけでなく、『金剛頂経』系の中期密教経典も、かなりの部分がチベット訳されていたことが明らかになった。

2　初期密教経典とは何か？

つぎに本章で取り上げる初期密教経典について、考えてみよう。

インドの密教は、その萌芽期である五・六世紀から計算すると、インドで組織的な仏教が滅亡する一三世紀初頭まで、八〇〇年近く行われた。そこで現代の学界では、その時期を初期・中期・後期の三段階に分けるのが一般的となっている。ここで初期と言うのは、密教がインドに現れてから、『大日経』『金剛頂経』などの組織的な密教経典が成立するまでの時期を指す。

かつて日本では、この時代の密教を雑部《ぞうぶ》密教、略して雑密《ぞうみつ》と呼んでいたが、これは『大日経』『金剛頂経』などの密教を純粋密教、純密《じゅんみつ》というのに対する術語であった。

いっぽうチベットでは、この時期の密教経典や、それ以後の成立でも初期密教と類似の組織や特徴を示すものを、所作《しょさ》タントラと呼んでいる。タントラとは本来、後期密教聖典を指したが、チベットでは密教経典を総てタントラと呼んでいる。なお初期密教経典でも、『蘇呬耶《すきや》経』のように本来は『グヒヤ・タントラ』と呼ばれていたテキストもあるので、タントラの拡大解釈も、あながち不当なものとは言い切れない。

この時期の密教聖典の中には、『金光明経《こんこうみょうきょう》』のように顕教と密教の中間に位置し、『チベット大蔵経』では「密教部」に分類されているものや、短編の陀羅尼《だらに》経典のような原始的なものから、『蘇悉地羯羅経《そしつじからきょう》』のように、かなり整備された体系をもち、後世の密教の展開に大きな影響を与えたものまでが含まれる。

いっぽう陀羅尼経典（本章「3　陀羅尼経典の成立」参照）の中には『出生無辺門陀羅尼経《しゅっしょうむへんもんだらにきょう》』のように、初訳が三国時代の呉《ご》（三世紀）まで上げられるものがある。その場合、初期密教のはじまりも三世紀まで上げなければならなくなるが、本書では、主要な大乗仏典がすべて現れた五世紀前後を、大乗仏教と密教の交代の時期と考えている。

この時代の密教の特色は、印や真言などが極めて煩瑣《はんさ》で、十分に整備されていない点が挙げられる。後世の『大日経《だいにちきょう》』『金剛頂経《こんごうちょうきょう》』に比べると、雑然としており、十分に整備されていなかったので、雑密と称されたのである。また沐浴《もくよく》や護身、諸尊の供養法に至るまで、極めて詳細に所作が規定されており、所作を主とするので所作タントラと呼ばれたのである。

なお経典に説かれる儀礼を修しても、所期の効験《こうけん》が現れないというのは、しばしば見られることである。その場合、経典を説いた仏菩薩や執金剛秘密主が妄言を吐いたことになってしまう。そこで密教では、成就しなかったのは、儀礼を修した者に何らかの過失があったからだと説明する。所作タントラの真言・陀羅尼は十万回正しく唱えないと成就しないとされるが、これは不成就の場合に備えて、あらかじめハードルを高く設定したものと思われる。

また密教儀礼の終わりに、仏菩薩に対して、導師の阿闍梨《あじゃり》が儀礼の至らなかった点について許しを乞うというのも、しばしば見られるパターンである。さらに『蘇悉地羯羅経』などでは、儀礼における過失を補う「補闕法《ほけつ》」が説かれている。

このように初期密教では、儀礼の有効性を保証するため、屋上屋を架すように、つぎつぎと煩瑣な儀礼や所作が付け加えられていったと考えられる。

3　陀羅尼経典の成立

つぎに初期密教経典の中でも最も早く出現した、陀羅尼経典について見ることにしたい。

陀羅尼とは、仏教で用いられる呪で、真言（マントラ）とともに真言・陀羅尼と併称されることもある。初期の仏教は、僧侶が呪術を行うことを禁止していたが、病気や毒害などを治す護身呪は、しだいに容認されるようになった。陀羅尼とは、サンスクリット語のダーラニー dhāraṇī の音写字で、本来は経典や仏教の教説を憶持することを意味していた。

しかし時代の進展とともに、一定の効果をもたらす呪文のことを、陀羅尼と称するようになった。そして大衆的な基盤をもっていた大乗仏教は、呪を教化の手段として積極的に受容した。そこで初期大乗経典の一つである『法華経』「陀羅尼品」には、呪文としての陀羅尼が説かれている。さらに三世紀以後、陀羅尼信仰を主題とする陀羅尼経典が出現した。したがって仏教の呪術受容としては、陀羅尼信仰がもっとも早く成立したといえる。

陀羅尼は長文で、無意味語を多く含むのが特徴である。これに対して心呪 hṛdaya は、比較的短い呪文で、長文の陀羅尼のエッセンスと考えられた。さらにこれより圧縮されたものを、随心呪 upahṛdaya と呼ぶことがある。

そして密教の時代に入ると、従来の陀羅尼に加え、マントラと呼ばれる呪が登場する。そしてマントラには、真実の語を意味する「真言」の訳語が与えられるようになった。

真言と陀羅尼の区別は必ずしも明確でないが、真言は中程度の長さのものが多く、陀羅尼に見られた無意味語や擬音語はしだいに影をひそめ、サンスクリット語として理解可能な語句が増加する。さらに密教の教理的展開に伴い、「阿字は一切法の門なり、本不生《ほんぷしょう》の故に」Akāro mukhaṃ sarvadharmāṇām ādyanutpannatvāt のように、仏教の教理命題をそのまま真言として用いることも行われた。密教は、真言を仏の口密《くみつ》の象徴と考え、身密を象徴する印と並んで、最も重要な要素と考えるようになる。そこで密教は、別名「真言乗」とも呼ばれるようになった。

このうち初期密教で重要な役割を果たす陀羅尼は、冒頭に仏教の呪であることを明示するため、仏菩薩に対する帰敬《ききょう》がある。不動明王の「慈救呪《じくじゅ》」では、「のうまく・さまんたばざらだん」（一切の金剛に帰命す）、千手観音の陀羅尼として禅門で読誦される「大悲呪」では、「なむからたんのーとらやーやー」（三宝に帰命す）がこれに当たる。ついで「それはすなわち」tadyathā とあって主部を導入する。日本では「たにやた」と読むことが多いが、「大悲呪」では、「とーじーとー」がタドヤターに当たる。

主部には無意味語の反復や、動詞の命令形、擬音語・擬態語などが含まれる。「無意味性が陀羅尼の意味である」という解釈もあるように、これらを記憶し繰り返し読誦することで、一種の三昧《さんまい》の境地を得ようとしたものと思われる。なお無意味語の反復は、陀羅尼には多いが、真言には少ない。

いっぽう『仏頂尊勝《ぶっちょうそんしょう》陀羅尼』の「ぼうじゃ、ぼうじゃ」や、「大悲呪」の「ふどやー、ふどやー」bodhaya bodhaya（悟らしめよ、悟らしめよ）などは、動詞の命令形に当たる。
またその説き方も、初期の仏典では、夜叉や羅刹《らせつ》などの下級神格が、この陀羅尼を憶持している者には危害を加えず、積極的に守護する事を、ブッダの前で誓うというパターンが多かったが、後期の仏典では、釈迦牟尼を初めとする仏菩薩が、自ら真言・陀羅尼を説くようになった。

4　真言・陀羅尼の尊格化

それと同時に、効果が絶大と考えられた真言・陀羅尼は人格化され、特定の姿で造像されるようになった。このような中から、後の密教で活躍する明王《みょうおう》や仏母《ぶつも》、仏頂《ぶっちょう》と呼ばれる、一連の尊格群が出現する。

明王は、「明呪の王」を意味するヴィドヤーラージャ vidyārāja の漢訳語で、真言・陀羅尼を唱えることで、効験が著しくなる尊格の総称である。不動明王には「慈救呪」、降三世《ごうざんぜ》明王には「おんそんばにそんば」で始まる真言がある。

いっぽう仏母とは、大乗仏教の根本聖典である『般若経』自体を尊格化した般若菩薩が、十方三世《じゅっぽうさんぜ》の一切如来の母、仏母と呼ばれたことから、最高の女性尊格を仏母と呼ぶようになった。般若菩薩が女性の姿をとるのは、般若波羅蜜 prajñāpāramitā がサンスクリット語で女性名詞であるためだが、陀羅尼もまた女性名詞であったため、有力な陀羅尼の尊格化も多くは女性尊となった。

このうち准提（チュンダー）は、日本では准提観音と呼ばれて変化観音に分類されるが、本来は「准提陀羅尼」という陀羅尼の尊格化で、准提仏母あるいは七倶胝《しちぐてい》仏母という女性尊であった。なお七倶胝仏母という別名は、この女性尊が七十万の仏の母だからといわれるが、「准提陀羅尼」冒頭の帰敬に「七十万の三藐三仏陀に帰命する」Namaḥ saptānām samyaksambuddhakoṭīnām の句が現れるからと思われる。

インドからは鉢を持つ四臂《しひ》像の出土例が圧倒的に多いが、日本の流布図像は一面十八臂像で、その蓮台は難陀《なんだ》・跋難陀《ばつなんだ》の二大龍王に捧持されている。なおインド国立博物館［ニューデリー］所蔵の鋳造像は、インドには珍しい一面十八臂像で、台座下には二大龍王が小さく現されている。またバングラデシュのヴァレンドラ研究博物館には石造の一面十八臂が所蔵されており、これも台座下に蓮茎を支える二大龍王が浮彫されている（写真1）。これらの事実から、インドではチュンダーの図像として、鉢を持つ四臂像と日本の流布図像と同じ十八臂像が並行して行われていたことが分かる。このように全く異なる二種の図像が並行して行われたのは、チュンダーが本来、陀羅尼の尊格化から発生したことによると思われる。

いっぽう孔雀明王（マハーマーユーリー）も、陀羅尼信仰から発展した女性尊格である。本

写真１　チュンダー（ヴァレンドラ研究博物館）

来は毒蛇を喰う孔雀の特性を神格化したもので、その陀羅尼を説いた『孔雀経』は、毒害だけでなく、種々の災厄をはらう功徳があるとされた。インド・ネパールでは、『孔雀経』をはじめとする五種の陀羅尼経典が『パンチャラクシャー』(五守護陀羅尼)の名で信仰され、多数のサンスクリット写本が書写された。そのためマハーマーユーリーも写本の挿絵として多数の作例を遺しているが、彫刻として造立した例は少ない。その中で、エローラ石窟第一二窟三階の女神像の一体は、台座の下に孔雀を現しており、マハーマーユーリーの最も確実な作例と思われる(写真2)。

マハーマーユーリーは、中国経由で日本に伝えられ孔雀明王となった。彫刻より画像の作例が多いのは、国家的な災厄をはらう「孔雀経法」の修法に用いられたからと思われる。また「明王」と呼ばれながら、柔和な菩薩形をとるのは、この明王が本来は女性尊であったからである。

いっぽう死者の罪障消滅や浄土往生の功徳があるとされる『仏頂尊勝陀羅尼』は、アジア各地で広く信仰された。その尊格化である尊勝仏頂は、日本では男性の菩薩形をとるが、インド・チベットでは仏頂尊勝母という女性尊として信仰を集めた(写真3)。これは仏頂 uṣṇīṣa は男性名詞であるのに対し、陀羅尼は女性名詞なので、どちらに注目して尊格化するかによって表現形態が異なることになったのである。

写真２　孔雀明王（エローラ第12窟）

写真３　仏頂尊勝母（インド博物館）

5　大規模な密教経典の成立

これらの陀羅尼経典は、概して短編のものが多いが、やがて大幅に増広されて大規模な初期密教経典に発展するものが現れた。『不空羂索神変真言経《ふくうけんさくじんぺんしんごんきょう》』は、本来は『不空羂索神呪心経《しんじゅしんぎょう》』という短編の陀羅尼経典であったが、これに種々の儀礼要素が付加され、『不空羂索神変真言経』という大規模な密教聖典に発展した。

近年、チベットで同経のサンスクリット写本が発見されたが、菩提流志《ぼだいるし》の漢訳と比較すると、漢訳にある曼荼羅の諸尊の図像学的記述が、サンスクリット写本とチベット訳では、ほとんど欠落していることが分かった。菩提流志の訳経を他の異訳と比較すると、他の訳にはない図像学的記述が補われている部分がある。

著者はネパールでサンスクリット語の密教写本を調査したが、密教の写本には本文には説かれていない図像や、諸尊の印を図示したイラストが付加されているものがある。著者は、菩提流志が、自ら請来した写本のイラストを参照して図像学的記述を補ったのではないかと考えている。

いっぽう『文殊師利根本儀軌経《もんじゅしりこんぽんぎききょう》』も、初期密教経典の中では稀に、サンスクリット原典、チベット訳、漢訳の三者が参照できる大部の密教経典である。その内容を検討すると、前半部分では原典とチベット訳・漢訳はよく対応しているが、後半になるにつれ、三者の相違は大きくなる。これは経典の根幹部分が成立した後、何世代にも亘って増広が繰り返されたため、テキスト間の差異が大きくなったと考えられる。

このように短編の陀羅尼経典から発展した初期密教経典は、やがて種々の儀礼・図像学的記述を付け加え、長大な密教経典へと発展するようになる。しかしその増広過程はかなり恣意的で、写本間の不一致や、前後の矛盾をきたしたものも多い。これらの問題が、より整備され、体系的な組織をもつ『大日経』『金剛頂経』などの中期密教経典への発展につながっていくと考えられる。

6　本章のまとめ

それでは本章の内容をまとめてみよう。

インドでは組織的な仏教が一三世紀初頭に滅んでしまったため、インド密教の歴史を復元するためには、漢訳やチベット系の資料を参照するより他に方法がない。とくに密教経典の漢訳やチベット訳の訳出年代は、経典の成立年代の下限を知るために最も重要な情報である。

初期密教経典は、従来の日本密教では雑密、チベット仏教では所作タントラと呼ばれ、密教儀礼を執行するために煩瑣な所作を規定するものが多い。

初期密教経典の中で、最初に成立したのは短編の陀羅尼経典であり、やがてこれらに種々の儀礼や図像的要素が付加され、大規模な初期密教経典に発展するものが現れた。また主要な真言・陀羅尼は尊格化され、明王・仏母・仏頂などの尊格群が成立した。このように密教が成立した五〜六世紀のインド初期密教は、いまだ十分に整備されていなかったが、やがてこれらの課題を克服し、体系的でより整備された中期密教が出現する先駆けをなしたと考えられる。

第四章　『大日経』の先行経典

1　はじめに

『大日経《だいにちきょう》』は真言密教の根本聖典であるため、従来から多くの研究がなされてきた。しかし日本では、「住心品《じゅうしんぼん》」に基づく教相の研究が中心で、「具縁品《ぐえんぼん》」以後の各品は、宗門の事相家によって参照されるに止まっていた。そのため『大日経』の教義としても「三句の法門」「如実知自心」「世間百六十心」「空の十喩」等、「住心品」所説の教義の訓詁学的研究に力点が置かれ、後半部分の内容を他の初期密教経典と比較し、その先行経典を捜索するという試みは、ほとんど行われてこなかった。

そのような中で、密教美術研究のパイオニアである大村西崖は、『密教発達志』において、漢訳大蔵経に収録される初期密教経典を丹念に読み、そこに説かれる曼荼羅――それらの多くは、日本には作例が遺されていない――の配置を復元することに成功した。これに基づいて大村は、初期密教経典に説かれる仏部・蓮華部・金剛部の三部立ての曼荼羅が、やがて胎蔵曼荼羅へ発展することを明らかにしたのである。

いっぽう酒井真典博士の『大日経の成立に関する研究』（高野山遍照光院）は、チベット訳しか伝えられず、従来注目されなかった『金剛手灌頂タントラ』や『上禅定品広釈』を用いて、『大日経』の先行経典を捜索した。さらに『酒井眞典著作集』（第一巻　大日経研究、法藏館）に収録された論文にも、有益なものが多い。

チベット系の資料を用いた密教研究は、すでに酒井の師匠である栂尾祥雲によって始められていたが、チベット系の資料を用いて密教の歴史的発展を解明する試みは、酒井によって本格化したといっても過言ではない。

後に母タントラ研究のパイオニアとなる津田真一博士は、東京大学大学院在学中に、『大日経』の研究（未刊）で修士号を取得したが、指導教官であった平川彰教授は、『大日経』が成立した時代には、中観《ちゅうがん》・唯識《ゆいしき》・如来蔵《にょらいぞう》などインド大乗仏教を代表する思想は、すでに成立していた。したがって『大日経』「住心品」には、これらの先行思想が混在しており、特定の先行経典を捜索することは困難だろうとの感想を述べたという。

『大日経』に先行する初期密教経典には、印や真言・陀羅尼、三昧耶戒《さんまやかい》、曼荼羅の度量法や諸尊の配置等の事相的要素は豊富に記述されていても、密教の思想を体系的に表明した部分が見られない。したがって初期密教経典の中に『大日経』に先行する要素を捜索する場合も、そこに説かれる印や真言、曼荼羅に関する記述などから、『大日経』に先行する要素を捜索する方が、より実践的であり、実りが多いように思われる。

2 『蘇悉地羯羅経』

本書第二章で見たように、インドでは二世紀頃から、ブッダの左右に蓮華手と金剛手の両脇侍を配した三尊像が造られるようになった。

さらに五～六世紀になると、これが釈迦・観音・金剛手の三尊に発展し、やがて初期密教の基本となる仏部・蓮華部・金剛部の三部が成立することになる。

そして初期密教経典の『蘇悉地羯羅経《そしつじからきょう》』では、釈迦・観音・金剛手の三尊形式から発展した三部が、体系的に説明されている。それによれば、仏部は国家の安泰や無病息災を祈る息災法、蓮華部は富の増大や商売繁盛を祈る増益法《ぞうやく》、金剛部は仏教の敵対者を打ち破る調伏法《ちょうぶく》に効果があるとされ、それぞれの部に中心となる部主《ぶしゅ》や、中心的女性尊格の仏母、忿怒尊である明王や大忿怒が説かれるようになった（表1）。

またこれらの尊格の大半は胎蔵曼荼羅にも描かれているので、『蘇悉地羯羅経』を『大日経』の先行経典の一つと見ることができる。

表1 『蘇悉地羯羅経』の三部

三部	部主	部母	明王	大忿怒
仏部	釈迦牟尼	仏眼	最勝仏頂	阿鉢囉氏多（無能勝）
蓮華部	観音	半拏囉縛悉寧（白衣）	訶野訖利嚩（馬頭）	施嚩嚩訶（寂留明）
金剛部	金剛手	忙莽雞（マーマキー）	蘇嚩（降三世）	軍荼利

このように『蘇悉地羯羅経』は、初期密教の基本となる三部を体系的に説明しており、初期密教の中でも、比較的整備された文献とみることができる。チベット仏教で、『蘇悉地羯羅経』を初期密教経典に相当する所作タントラの「総タントラ」と位置づけるのも、このような理由によると思われる。

また他の初期密教経典の教法は早くに失われて日本に伝承されていないのに対し、『蘇悉地羯羅経』に基づく「蘇悉地法」は、慈覚大師《じかくだいし》円仁《えんにん》によって日本に伝えられ、現在でも台密《たいみつ》の重要教法となっている。そのため天台宗では、『大日経』『金剛頂経』に『蘇悉地羯羅経』を加え、「真言三部経」と呼んで尊重している。

しかし『蘇悉地羯羅経』には、特定の目的で製作される小規模な曼荼羅はあっても、胎蔵曼荼羅のような大規模な曼荼羅は説かれない。このように『蘇悉地羯羅経』の成立年代と、インド密教史上における位置づけについては、さらなる検討が必要である。

3 『蕤呬耶経』

『蕤呬耶経』は、曼荼羅の通則を説く初期密教経典で、同経には三部形式に基づく比較的大規模な曼荼羅が説かれている。漢訳は不空訳だが、善無畏の『大日経疏』に、「瞿醯」の名で本経がしばしば引用されるので、遅くとも七世紀には成立していたと見られる。

この曼荼羅では、中央の蓮台上に本尊（高田仁覚教授は毘盧遮那とする）を描き、その四方には『般若経』『華厳経』『如来秘密経』（『大宝積経』「密迹金剛力士会《みっしゃくこんごうりきしえ》」）『金光明経』の、四篇の大乗経典を安置する（チベット訳のみ）。

その外は二重の方形となるが、内院の向かって左（北）には観音をはじめとする蓮華部の尊格群、右（南）には金剛手をはじめとする金剛部の尊格群が描かれる。いっぽう東面には釈迦如来を中心として、後の胎蔵界曼荼羅の釈迦院を構成する尊格群が配される。これに対して西面は、胎蔵界曼荼羅の持明《じみょう》院に相当するが、西門に二人の龍神を描くだけで、その他は空白となっている。

そのさらに外側の外院には、東面に文殊菩薩とその眷属が描かれ、南西北の三面には仏教を守護するインドの神々が配されている。

その構造を見ると、内院は仏・蓮華・金剛の三部立てで、中央の軸線上には本尊、釈迦、文殊を一列に配している。これは仏・蓮華・金剛の三部が、釈迦・観音・金剛手の三尊から発展し、文殊が仏部を代表する菩薩とされたことを念頭に入れれば、理解できる。

現図の胎蔵界曼荼羅は十二大院から構成されるが、このうち蘇悉地院は、『大日経』には説かれていない。また現図曼荼羅の各院は仕切線で区切られた方形となるが、原初的な胎蔵曼荼羅には、三重曼荼羅の区画線があるだけで、各重の東西南北の四面は仕切られていなかった。そこで現図以前の胎蔵曼荼羅の各部分は、石田尚豊博士以来、文殊部、遍知《へんち》部というように、「部」をつけて呼ぶようになった。

『蕤呬耶経』の曼荼羅では、原初的な胎蔵曼荼羅に存在した一一部のうち、すでに蓮華部、金剛部、釈迦部、文殊部、外《げ》金剛部（天部）の五部がすでに成立し、中台八葉部と持明部も形成途中であったことが分かる。また外院東面の文殊部には、胎蔵曼荼羅の文殊部には属さない虚空蔵菩薩や、弥勒などの賢劫《げんごう》菩薩が含まれるのが注目される。これに対して『蕤呬耶経』の曼荼羅には、現図の遍知院に対応する部分が見当たらない（図1）。

このように三尊形式から発展した原初的な曼荼羅は、その構造を二重とすることで、より複雑な三部構成の曼荼羅へと展開してゆく。そして胎蔵曼荼羅の三重構造も、その発展の延長線上に考えることができる。

蕤呬耶経の曼荼羅

図1

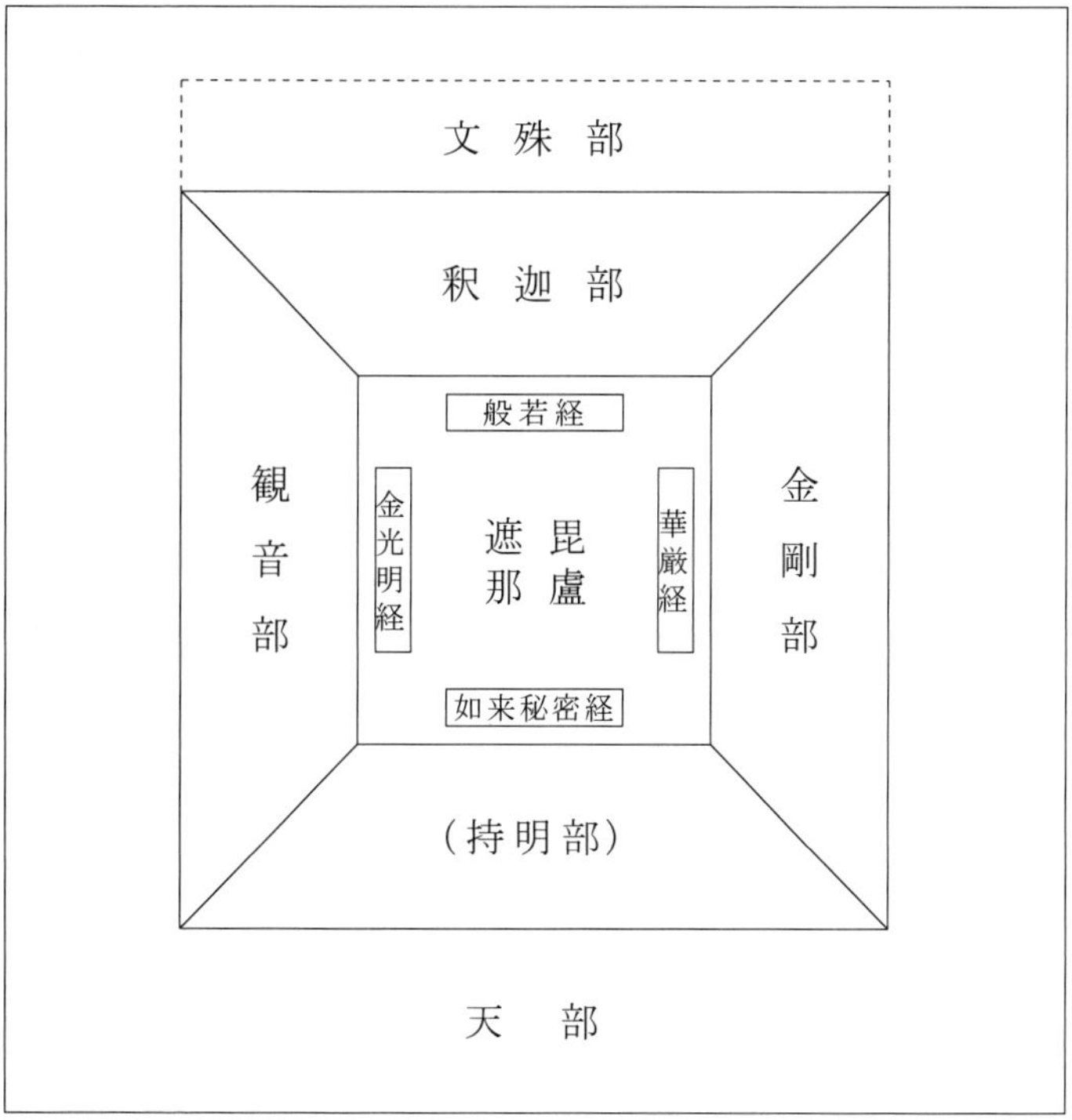
文殊部
釈迦部
般若経
観音部
金光明経
毘盧遮那
華厳経
金剛部
如来秘密経
（持明部）
天部

4　『三三昧耶《さんさんまや》タントラ』と遍知印

前節で見たように、『大日経』に説かれる胎蔵曼荼羅の基本構造は、初期密教経典『蕤呬耶経』の曼荼羅を、三重に拡張したものと見られる。『蕤呬耶経』の曼荼羅には、『大日経』所説の胎蔵曼荼羅に存在した一一部のうち七部に対応する部分が存在する。

しかし遍知印（一切如来智印）は、胎蔵曼荼羅初重東面の中央軸線上に描かれ、重要な位置を占めるにもかかわらず、『蕤呬耶経』の曼荼羅には描かれていない。ところがその後の研究で、遍知印は初期密教経典の一つ『三三昧耶タントラ』あるいは『トリサマヤ・タントラ』に関係することが分かった。

この経典が『大日経』の先行経典と考えられることは、すでに酒井真典博士が指摘していたが、タントラのチベット訳だけでは、曼荼羅の配置を正しく復元することができなかった。ところがネパールで、このタントラのサンスクリット註が発見され、著者がその内容を検討したところ、この註釈を参照すれば、この曼荼羅の配置を復元できることが分かった（図2）。それによれば、この曼荼羅では主尊の真上に三角形の遍知印（ダルモーダヤ）を描くとされている。また遍知印の向かって右に描かれる如意宝幢は、胎蔵曼荼羅で遍知印の右に描かれる如意宝珠（現図では宝珠を持つ大勇猛《だいゆうみょう》菩薩となる）に相当する。さらに胎蔵曼荼羅で遍知印の

三三昧耶曼荼羅

図2

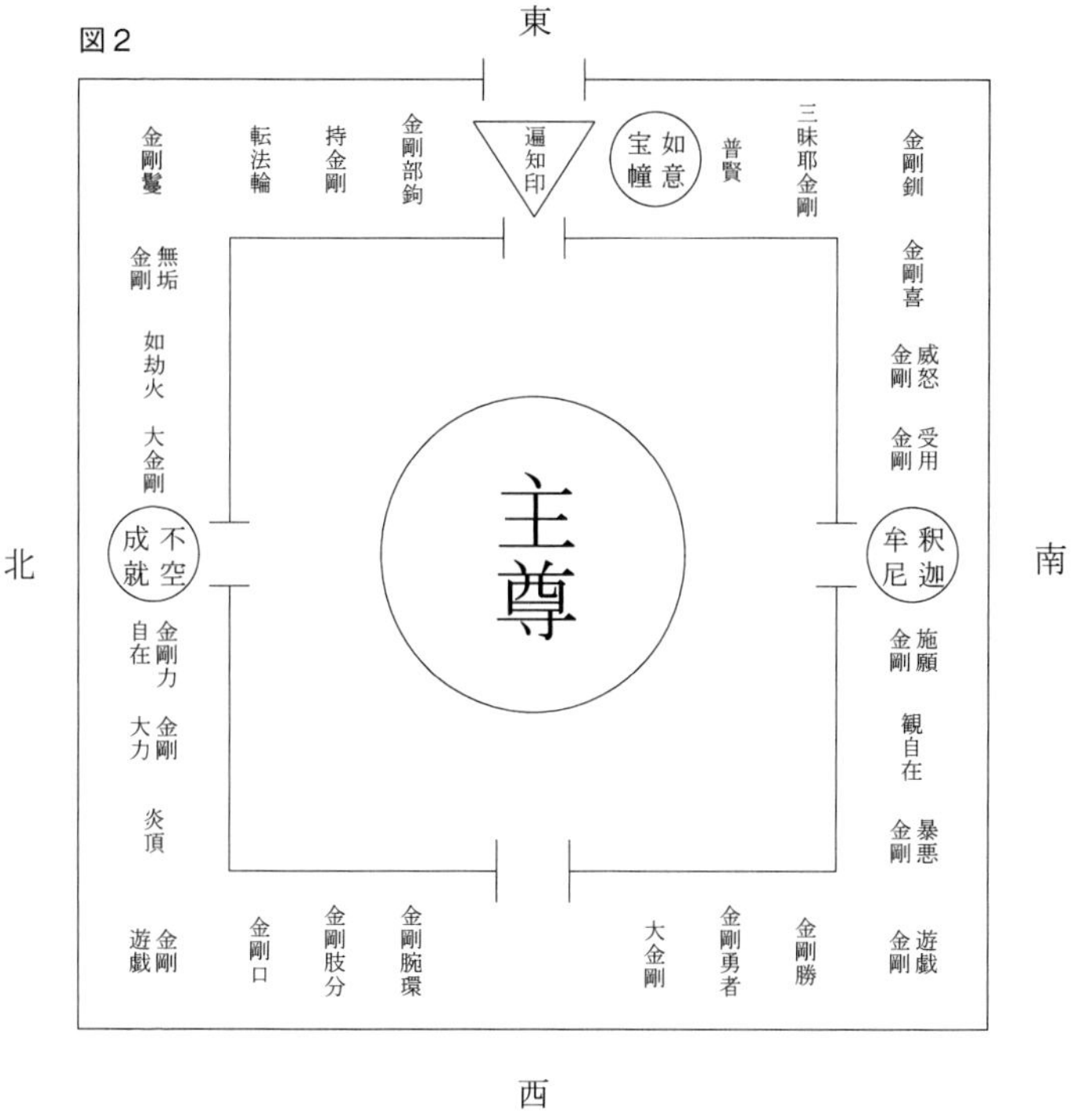
東
西
南
北
主尊
遍知印
如意宝幢
普賢
三昧耶金剛
金剛釧
金剛喜
威怒金剛
受用金剛
釈迦牟尼
施願金剛
観自在
暴悪金剛
遊戯金剛
金剛勝
金剛勇者
大金剛
金剛腕環
金剛肢分
金剛口
金剛遊戯
炎頂
金剛大力
金剛力自在
不空成就
大金剛
如劫火
無垢金剛
金剛鬘
転法輪
持金剛
金剛部鉤

左に描かれる虚空眼仏母（現図の仏眼仏母）は、『三三昧耶タントラ』の曼荼羅には描かれないが、虚空眼は『三三昧耶タントラ』に説かれる「虚空蔵転明妃」と呼ばれる真言を尊格化したものである。

つまり胎蔵曼荼羅の遍知部の諸尊は『三三昧耶タントラ』に起源があり、その他の証拠から見ても、このタントラが『大日経』の先行経典であることが裏づけられた。

5　四方四仏から胎蔵五仏へ

鎮護国家の経典として有名な『金光明経』「寿量品」によると、王舎城《おうしゃじょう》（ラージャグリハ）に住んでいたルチラケートゥ（妙幢）菩薩が、過去世から数え切れない善根を積んできたブッダの寿命が、僅か八〇年しかないことに疑問をもつと、東方阿閦《あしゅく》、南方宝相《ほうそう》（宝幢《ほうどう》）、西方無《む》量寿《りょうじゅ》（阿弥陀）、北方微妙声《みみょうしょう》（鼓音《くおん》）の四仏が出現し、釈迦牟尼の寿命は無量であると説いたといわれる。

ここに説かれる四仏は「金光明経四仏」と呼ばれ、『金光明経』を通じて多くの箇所に登場するだけでなく、後の胎蔵・金剛界曼荼羅の四仏の原型になったということでも注目される。ところが『金光明経』の四仏と胎蔵・金剛界の四仏を比較すると、金剛界曼荼羅では阿閦は東方、阿弥陀（無量寿）は西方に配され、『金光明経』の宝相（ラトナケートゥ）は、宝生《ほうしょう》（ラトナサンバヴァ）と尊名が変更されたが、同じ宝（ラトナ）ではじまる尊名の仏が南方に配されている。

　これに対して胎蔵曼荼羅を説く『大日経』では、「具縁品」では北方が阿閦、「入秘密漫荼羅位品」では鼓音とされている。また宝幢が南方から東方に移り、金光明経四仏に含まれない開《かい》敷華王《ふけおう》が南方に配されている。つまり金光明経四仏からの発展という点では、時代的に後に成立した金剛界曼荼羅の方が、先に成立した胎蔵曼荼羅より、古い形を保存していることになる。そこで本節では、その理由を考察することにしたい。

　胎蔵四仏のうち唯一、金光明経四仏に含まれない開敷華王（サムクスミタラージェンドラ）は、初期密教経典『文殊師利根本儀軌経《もんじゅしりこんぽんぎき》』に、文殊菩薩の本国の仏として説かれることが分かった。しかも『文殊師利根本儀軌経』の曼荼羅には、画面上部中央に開敷華王、上部左に阿弥陀、上部右に宝幢が描かれている。つまり『大日経』は『文殊師利根本儀軌経』から開敷華王を取り入れたが、そのため金光明経四仏から一尊を除外しなければならなくなった。そこで『文殊師利根本儀軌経』に説かれる阿弥陀と宝幢を残し、同経が説かない阿閦・鼓音の何《いず》れかを除外することになった。

　『大日経』の「具縁品」と「入秘密漫荼羅位品」で異なった北方仏が説かれるのは、金光明経四仏に含まれない開敷華王が、『文殊師利根本儀軌経』から割り込んだために生じた矛盾であると考えられるのである（図3）。

なお従来の学界では、『文殊師利根本儀軌経』は、初期密教経典の中では成立が遅れると見られていた。全体の漢訳が北宋の天息災訳まで下がるうえ、チベット訳も『デンカルマ目録』や『パンタンマ目録』には収録されていない。さらに末尾の「授記品」にはパーラ朝のゴーパーラ王（八世紀後半）の出現が予言されている（この記述は漢訳にはない）からである。ところが善無畏の『大日経疏』には、「文殊梵本」の名で『文殊師利根本儀軌経』が参照されており、同経後半の三十章（大正一二一五）と三十一章（大正一二一六）は、不空によって別途漢訳されている。また同経前半に説かれる曼荼羅も、諸尊の配置を、後に一般的になる放射状ではなく、軸装仏画のように記述している。これらの点から考えて、『文殊師利根本儀軌経』は『大日経』に先行していたと考える方が自然である。

6　『金剛手灌頂タントラ』

そして酒井真典博士以来、『大日経』の先行経典とされてきた『金剛手灌頂タントラ』では、金光明経四仏の中尊が釈迦牟尼から毘盧遮那に変わり、胎蔵五仏の原型が現れたと考えられる。同経に説かれる曼荼羅では、胎蔵界曼荼羅の中台八葉院のような八葉蓮華が描かれ、その四方には東方宝幢、南方開敷華王、西方阿弥陀、北方阿閦の四仏が配されている。これは『大日

図3

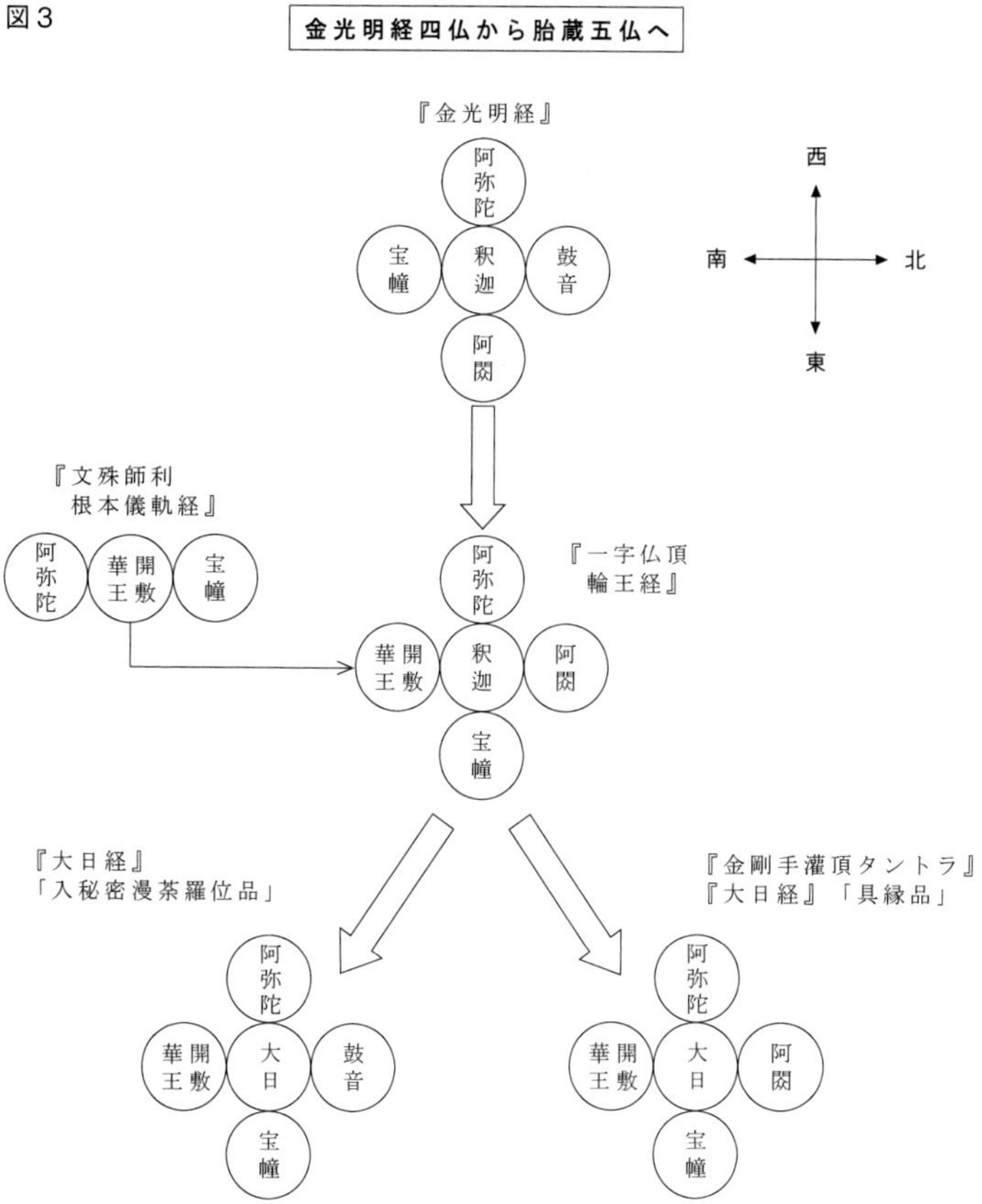
金光明経四仏から胎蔵五仏へ
『金光明経』
阿弥陀
宝幢
釈迦
鼓音
阿閦
西
南
北
東
『文殊師利根本儀軌経』
阿弥陀
華開王敷
宝幢
『一字仏頂輪王経』
阿弥陀
華開王敷
釈迦
阿閦
宝幢
『大日経』「入秘密漫荼羅位品」
阿弥陀
華開王敷
大日
鼓音
宝幢
『金剛手灌頂タントラ』『大日経』「具縁品」
阿弥陀
華開王敷
大日
阿閦
宝幢

経』「具縁品」に完全に一致する。

また最近の研究で、『金剛手灌頂タントラ』には、『華厳経』の影響が見られることが明らかになった。従来から胎蔵・金剛界の五仏は、『華厳経』に説かれた宇宙的な仏＝毘盧遮那仏と金光明経四仏を組み合わせたものと見られていたが、これまで『華厳経』と密教を結びつけるテキストは発見されていなかった。

ところが『金剛手灌頂タントラ』では、冒頭に『華厳経』の蓮華蔵世界に似た記述が現れ、そこには十方仏と、その世界に住む菩薩の名が説かれている。ところがその尊名は、『華厳経』に説かれるものとは全く一致せず、四方仏の名は上述の『大日経』「具縁品」に一致する。また南方開敷華王如来の浄土の菩薩として文殊、西方阿弥陀如来の浄土の菩薩として観音が言及されている（表2）。

つまり『金剛手灌頂タントラ』は、『文殊師利根本儀軌経』から文殊の本国の仏として開敷華王を取り入れ、それが『大日経』と胎蔵曼荼羅に継承されたのである。このように『金剛手灌頂タントラ』は、『華厳経』と『大日経』をつなぐだけでなく、『文殊師利根本儀軌経』などの初期密教経典と『大日経』を結ぶ役割も果たしたのである。

表２　『華厳経』と金剛手灌頂タントラの十方仏と菩薩

		『六十華厳』	『八十華厳』	チベット訳（東北 No.44）	金剛手灌頂タントラ（東北 No.496）
東	如来	不動智	不動智	rig byed mi g-yo ba	rin chen tog（宝幢）
	菩薩	文殊師利	文殊師利	'jam dpal	rin chen blo gros（宝慧）
南	如来	智火	無礙智	rig byed mi bskyod pa	me tog kun du rgyas pa'i rgyal po'i dbaṅ po（開敷華王）
	菩薩	覚首	覚首	saṅs rgyas dpal	'jam dpal gźon nur gyur pa（文殊師利）
西	如来	習智	滅暗智	rig byed bciṅs med	'od dpag med（阿弥陀）
	菩薩	財首	財首	nor bu dpal	spyan ras gzigs kyi dbaṅ phyug（観音）
北	如来	行智	威儀智	rig byed kun spyod	mi 'khrugs pa（阿閦）
	菩薩	宝首	宝首	rin chen dpal	sa'i sñiṅ po（地蔵）
東北	如来	明智	明相智	rig byed ñi ma	rin po che mchog 'dzin（持上宝）
	菩薩	徳首	功徳首	yon tan dpal	rin po che cod pan（宝冠）
東南	如来	究竟智	究竟智	rig byed mtha' rgal	sprin gyi dpal（雲吉祥）
	菩薩	目首	目首	mig gi dpal	sprin gyi sñiṅ po（雲蔵）
西南	如来	上智	最勝智	rig byed dam pa	rdo rje chen po'i tog（大金剛幢）
	菩薩	進首	精進首	brtson 'grus dpal	rdo rje dpa' bo（金剛勇）
西北	如来	自在智	自在智	rig byed dbaṅ phyug	sgra dbyaṅs sñan pa（美音声）
	菩薩	法首	法首	chos kyi dpal	'brug sgra'i rgyal po（雷音）
下	如来	梵智	梵智	rig byed tshaṅs pa'i dbaṅ po	rin po che'i pad ma rnam par dag pa'i sñiṅ po
	菩薩	智首	智首	ye śes dpal	pad ma'i yan lag
上	如来	伏怨智	観察智	rig byed sna tshogs	rgyal ba'i 'byuṅ gnas
	菩薩	賢首	賢首	bzaiṅ po'i dpal	g-yul las śin tu rnam par rgyal ba

7　八大菩薩と胎蔵曼荼羅

本書第二章では、オリッサやエローラに現れた本尊仏と八大菩薩の組み合わせが、胎蔵曼荼羅に影響を与えたと述べた。ところがエローラ第一二窟の八大菩薩曼荼羅に見られる八大菩薩と、胎蔵曼荼羅における八大菩薩の配置は、必ずしも一致しない。

これに対して『金剛手灌頂タントラ』では、胎蔵曼荼羅の中台八葉院のような内院の外に、図4のように八大菩薩を配することが説かれている。その配置を見ると、北に観音、南に金剛手、東に文殊、西に虚空蔵を配しており、胎蔵曼荼羅における菩薩の配置と完全に一致する。また胎蔵曼荼羅で第三重の北に配される地蔵は東北、第三重の南に配される除蓋障は西南に配され、反時計回りに四五度回転させると、胎蔵曼荼羅における地蔵と除蓋障の位置に一致する。いっぽう東北の普賢と、西南の弥勒の位置は、『大日経』「入秘密漫荼羅位品」に説かれる四大菩薩の普賢・弥勒の位置に一致する（図4）。

したがって『大日経』は、八大菩薩を説く『八大菩薩曼荼羅経』などから直接、八大菩薩を取り入れたのではなく、やはり『金剛手灌頂タントラ』経由で、八大菩薩を取り入れたと考えられる。

このように『金剛手灌頂タントラ』は、『大日経』の先行経典として、もっとも重要なテキ

図4

中台八葉院と八大菩薩

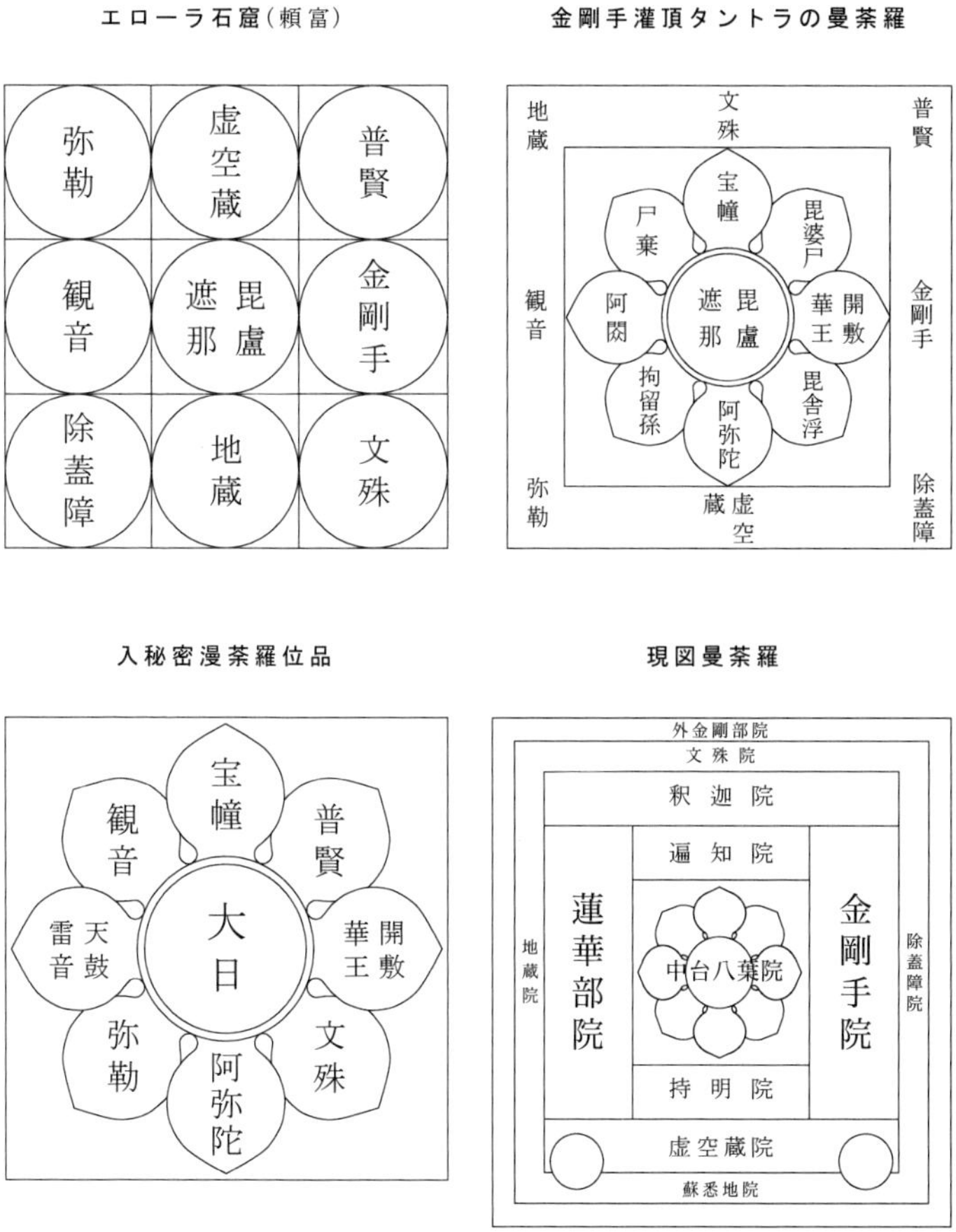

ストと考えられるのである。

8　本章のまとめ

それでは本章の内容をまとめてみよう。

『大日経』の成立と先行経典を捜索するに当たっては、教理的な問題より、印や真言の体系、曼荼羅の度量法や諸尊の配置など、事相的な特徴を比較する方が、科学的・客観的な結論が得られる。

『蘇呬耶経』の曼荼羅には、『大日経』所説の胎蔵曼荼羅に存在していた一一部のうち、七部に対応する部分があり、『大日経』の先行経典と見なしうる。

『大日経』の根幹をなす胎蔵五仏の成立に当たっては、『文殊師利根本儀軌経』が重要な役割を果たしたことが確認できる。

『蘇呬耶経』の曼荼羅には対応する部分がない遍知部は、『三三昧耶タントラ』から導入されたと考えられる。

いっぽう主尊としての大日如来は、『華厳経』に説かれた宇宙的な仏、毘盧遮那仏が『金剛手灌頂タントラ』を経て導入されたと考えられる。

第五章　オリッサの密教美術

1　オリッサの歴史

オリッサ（現オディィシャ）は、インド東海岸にある。かつてはカリンガと呼ばれ、アショーカ王による征服戦争の結果、マウリヤ帝国の一部となった。州都ブバネーシュバルの南八キロにあるダウリーにはアショーカ王の碑文が遺され、現在は日本山妙法寺によって壮麗な仏塔が建立されている（図1）。

またオリッサは、中国に『大日経』系の密教を伝えた善無畏三蔵（六三七〜七三五）の故郷でもある（写真1）。善無畏はオリッサ北部を支配したウドラ国の王子として生まれたが、王位継承争いのため、異母兄に襲われて負傷するという事件が起きた。そこで王位を兄に譲って出家し、ナーランダーで仏教を学んだ後、中国に入って唐の皇帝、玄宗《げんそう》の帰依を受けた。

なお八世紀からオリッサ北部を支配したバウマカラ王朝は、歴代の国王が篤く仏教を保護し

図 1

https://d-maps.com/carte.php?num_car=272226&lang=ja

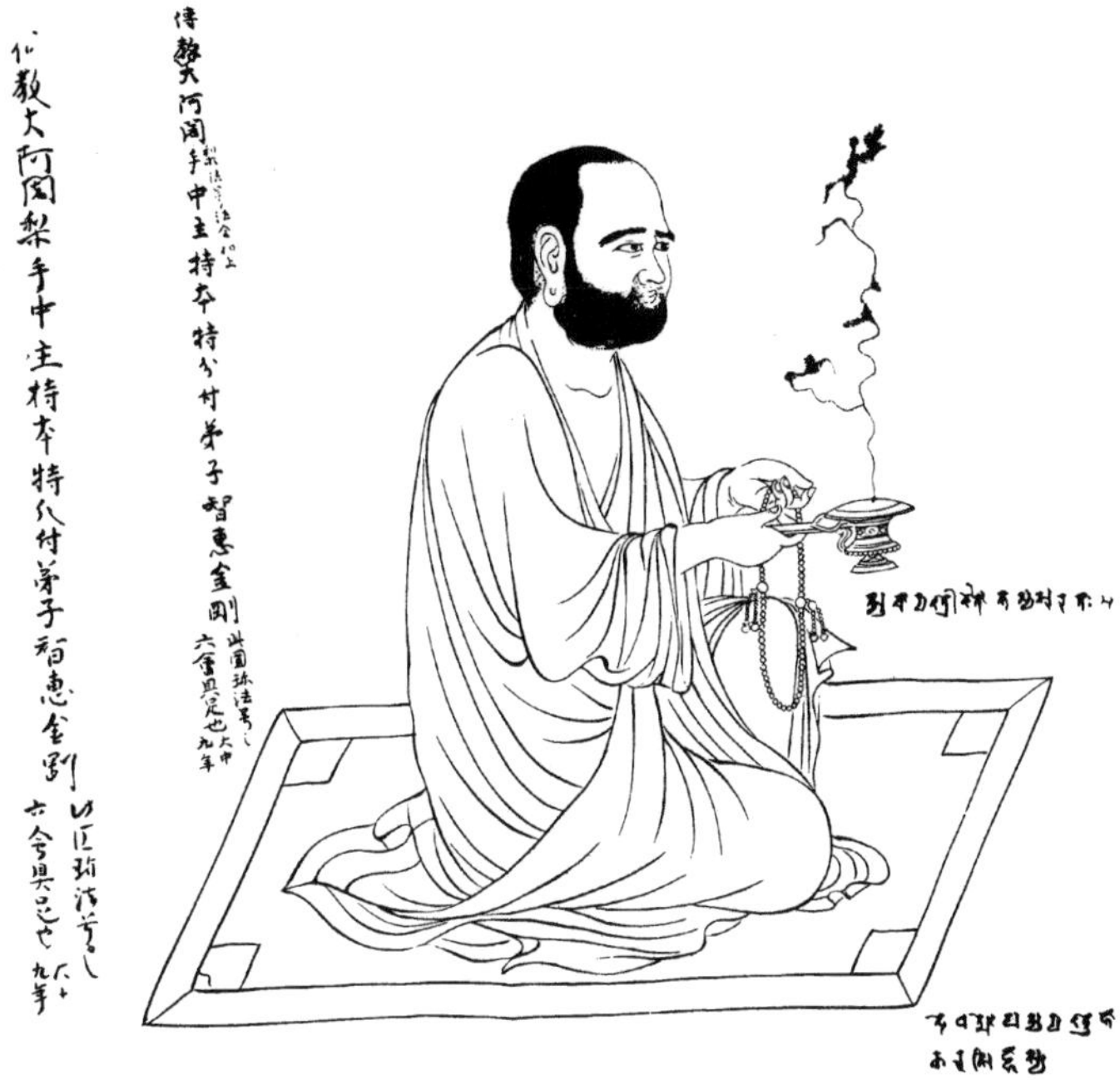

写真１　善無畏三蔵（五部心観）

たことで知られる。善無畏の本名はシュバーカラシンハというが、バウマカラ王朝にはシュバーカラデーヴァという名の王（一世から四世まで）がおり、とくに熱心な仏教信者だったと伝えられる。シュバーカラデーヴァ一世（八世紀後半）は、善無畏より半世紀ほど後の人物と推定されるが、善無畏はこの王朝の一族ではないかと推測される。

なお善無畏は、ブッダの叔父に当たる甘露飯王《かんろぼんおう》（アムリトーダナ）の末裔《まつえい》と称していたという。バウマカラ王朝が熱心に仏教を保護したのは、先祖がシャカ族の末裔であるという伝承があったからではないかと思われる。

さらに般若訳『大方広仏華厳経』（大正二九三）、通称『四十華厳』の奥書によれば、南天竺烏茶国つまりオリッサの吉祥自在作清《きちしょうじざいさしょう》浄師子王《じょうしおう》が、自ら書写した経本を唐の徳宗《とくそう》皇帝に贈り、それが貞元一四（七九八）年に翻訳されて『四十華厳』になったという。在位年代から考えて、この吉祥自在作清浄師子王は、バウマカラ王朝のシュバーカラデーヴァ一世である可能性が高い。このようにバウマカラ王朝は、仏教を信奉しただけでなく、仏教を通じた国際交流も考えていたのである。

オリッサには、チリカ湖という汽水湖がある。現在はラムサール条約に登録された野鳥の楽園となっているが、かつては水深が深く、天然の良港として栄えていた。今日のオリッサはインドでも貧しい州の一つとなってしまったが、かつては海上交易を通じて、同じ大乗仏教が伝播した東南アジアや中国とも交流していたのである。

またオリッサには現在も、かつて仏教徒だった人々の子孫が住んでいる。彼らは織物や染物を生業とするカーストに属しており、サラキ・タンティー仏教徒と呼ばれる。インド亜大陸で、かつての大乗仏教と密教の混淆形態が唯一残存しているネパールのカトマンズ盆地でも、在家仏教徒の多くが商工業を生業とするカーストに属しているのと比較しても興味深い。現在、彼らの多くはマハーボーディ・ソサエティー（大菩提会）の布教活動により、テーラヴァーダ仏教に改宗している。

なおオリッサの仏教界で行われている説によれば、州都ブバネーシュヴァルの東南六〇キロほどにあるヒンドゥー教の聖地プーリーは本来、仏牙《ぶつげ》（ブッダの犬歯の舎利《しゃり》）を祀ったダンタプラ Dantapura（歯城）であり、仏牙が市内を巡行する祭礼が行われていた。ところが仏牙がスリランカのアヌラーダプラ（現在はキャンディの仏歯寺）に移された後、全インドから巡礼が集結するジャガンナートのラタヤートラ（山車祭り）が創始されたという。そこでサラキ・タンティー仏教徒は、現在もなおブッダとジャガンナートを同一視しているといわれる。

2　ラリタギリ

それではオリッサの仏教遺跡を、ラリタギリ・ウダヤギリ・ラトナギリの三大仏教遺跡とそ

写真２　舎利容器（ラリタギリ出土）

の他の遺跡の順に見てゆくことにしよう。

オリッサの仏教遺跡は、ギリと呼ばれる小高い丘の上にあることが多く、ラリタギリでは丘の上に仏塔が建てられている。インド政府考古局の発掘により、この仏塔から黄金の舎利容器が発見された（写真２）。

ラリタギリで出土した仏像の一部は、コルカタのインド博物館で展示されているが、それ以外の作品の大半は、現地の収蔵庫に収められている。その中でも、像高一・一メートルの仏坐像は、現地で『大日経』系の仏教美術が発見される端緒となった記念すべき作品である。様式的に八世紀頃と推定されるこの像は、両手で禅定印を結び、体に装身具や条帛《じょうはく》を着けない如《にょ》来形像《らいぎょう》である。その頭部は螺髪《らほつ》ではなく毛髪を結い上げた髪髻冠《はっけいかん》として、左右の肩に垂髪を垂らし、台座の左右には獅子が刻出されている（写真3）。

一九八〇年に現地を訪れた嵯峨美術短大（現嵯峨芸術大学）と種智院大学の合同調査団が、像の光背に梵字で真言が刻出されているのを発見した。この梵字を調査したところ、Namaḥ samantabuddhānāṃ Aḥ vī ra hūṃ khaṃ の文字が判読できた。これは日本真言宗に伝えられる胎蔵大日如来の真言、「のうまくさまんたぼだなん。あびらうんけん」と同一である。そしてこの発見により、オリッサに見られる同型の如来像が、胎蔵大日如来と同定されることになった。

いっぽうコルカタのインド博物館に所蔵される金剛手菩薩像と除蓋障菩薩像は、ラリタギリから出土した作品で、本来は八大菩薩のセット（ドナルドソンのAセット）を構成していたものと思われる。このうち一体は失われ、残りの五体はラリタギリの収蔵庫に収められている。

本書第二章で見たように、八大菩薩は、テキストによって種々の組み合わせが説かれている。このうちインドで最も普及したのは、①観音②弥勒③虚空蔵④普賢⑤金剛手⑥文殊⑦除蓋障⑧地蔵という組み合わせで、これを頼富本宏教授は「標準型の八大菩薩」と名づけた。

オリッサ美術の権威であるT・E・ドナルドソン博士によれば、ラリタギリからは都合四セット（全セットが揃っているわけではない）の八大菩薩像が出土している。これらは現在もラリタギリの僧院址に放置されている石積の如来像を本尊として、エローラ後期仏教窟のように左

写真３　胎蔵大日如来（ラリタギリ出土）

右に四体ずつ安置されていたと考えられる。しかしほとんどの菩薩像が、馬蹄形のチャイトヤ堂址からまとめて出土したため、どのセットがどの仏堂に安置されていたのかは分かっていない。

3　ウダヤギリ

オリッサ三大仏教遺跡の一つ、ウダヤギリにはオリッサでは比較的保存状態のよい大塔が遺されている。この仏塔は現在、盗難を防ぐため四方に鉄格子がはめられ、原型を損なっているが、東西南北には仏龕《ぶつがん》が設けられ、四体の高浮彫の仏像が安置されている。

ウダヤギリ大塔の四仏は、東が触地《そくじ》印、南が与願《よがん》印、西が禅定印を結ぶ如来像で、それぞれ阿閦、宝生、阿弥陀に比定されている。いっぽう北の像も禅定印を結んでいるが、高い髪髻冠を戴いているので、オリッサにしばしば見られる胎蔵大日如来であることに疑いはない。このようにウダヤギリ大塔は、胎蔵大日に金剛界四仏のうち三尊を配した構造をもつため、日本の高野山根本大塔のように、胎蔵・金剛界の両部を融合させたものと解釈されてきた。しかし著者は、胎蔵大日（北）に、宝幢（東）、開敷華王（南）、阿弥陀（西）の三尊を配したものと推定している。

オリッサ出身の善無畏が遺した胎蔵曼荼羅の白描図像「胎蔵図像」では、胎蔵の四仏は、同じ方位の金剛界四仏と同じ印相で描かれているからである。

いっぽうウダヤギリ中央祠堂で発見された金剛界大日如来像は像高一・八メートルあり、インドに現存するものの中で、最大の作品である。この像は、両手で智拳印《ちけん》を結び、体に臂釧《ひせん》・腕釧・聖紐などを着け、頭部は髪髻冠として、左右の肩に垂髪を垂らした菩薩形像である。また光背の上部と台座の左右には、金剛界曼荼羅の香華灯塗《こうけとうず》の外四供養菩薩を刻出しているのが注目される（図2）。

このようにウダヤギリからは、日本の真言密教の源流をなす胎蔵・金剛界の大日如来の優れた作例が出土していることが注目される。

なお一九九七年からは、遺跡の東南のウダヤギリⅡで新たな発掘が開始され、陀羅尼を彫込んだコンダライトの石板が出土した。著者が、これを解読したところ、初期密教経典『菩提《ぼだい》場荘厳陀羅尼経《じょうしょうごんだらにきょう》』が彫り込まれていることが判明した。またその中には、シュバーカラデーヴァという王名が記されていた。

これまでもオリッサの三大仏教遺跡は、近くのジャジプルに都を置いたバウマカラ王朝時代に創建されたと推定されていたが、考古学的にそれを証明することができなかった。ところがこの発見により、オリッサ三大仏教遺跡とバウマカラ王朝の関係が、はじめて確認されたのである。

図2

金剛界大日如来(ウダヤギリ)

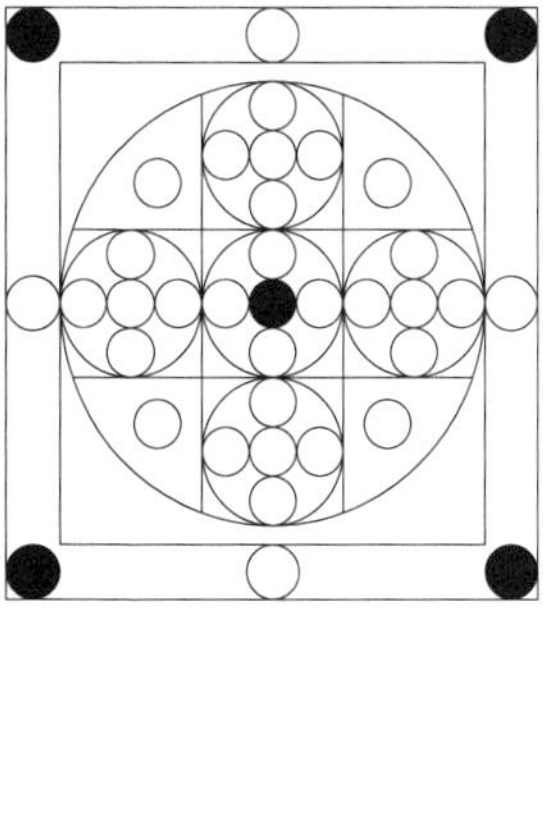

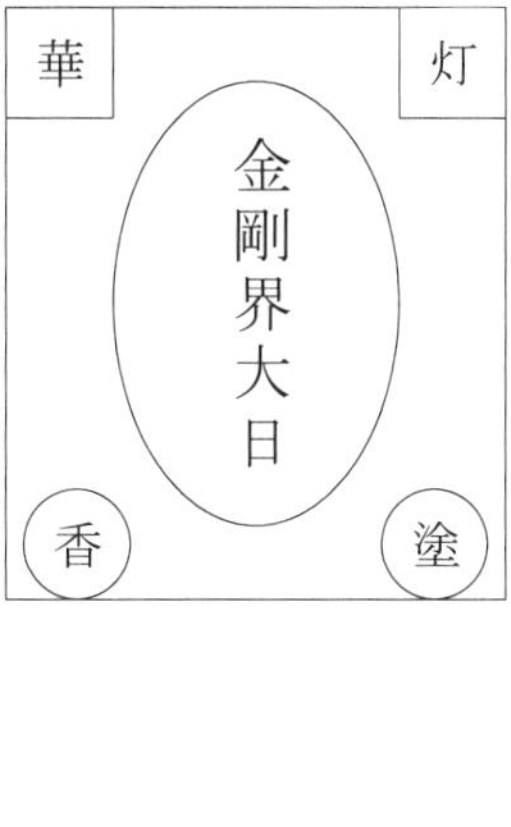

写真４　釈迦三尊像（ラトナギリ第一僧院）

4　ラトナギリ

ラトナギリ遺跡は、日本の前方後円墳のような、二つの頂をもつなだらかな丘陵の上にある。このうち南の丘は、崩壊した大塔を多数の奉献小塔が取り囲むストゥーパ群を形成している。いっぽう北の丘には五〇メートル四方の巨大な第一僧院を中心に、僧院と祠堂が立ち並んでいる。このうち第一僧院の本尊は、触地印の釈迦如来を中尊とする、釈迦・観音・金剛手の三尊である（写真４）。

ラトナギリの第五祠堂から発掘され、現在はラトナギリ考古博物館に収蔵される胎蔵大日如来像は、光背に八大菩薩を伴っていることが注目される（第二章写真11）。

現在のところ、胎蔵大日と八大菩薩の組み合わせは、インドからは本作品以外には見られないが、八世紀から九世紀にかけてシルクロード地域やチベットから、かなりの点数の作例が発見されている（本書第十一章参照）。本書第二章で見たように、八大菩薩は東西・南北の中央軸線上や中心に描かれる中台八葉院の四隅など、胎蔵曼荼羅の重要なポイントに配されている。

これに対して胎蔵大日三尊像（本書第二章参照）は、第四祠堂の中に現在も発掘されたままの状態で遺されている。

このようにインドで七世紀から九世紀に成立した遺跡に見られる尊像配置は、七世紀に成立した『大日経』の胎蔵曼荼羅と、密接に関係していることが裏づけられる。そして中国に『大日経』系の密教をはじめて紹介した善無畏三蔵の故郷、オリッサから『大日経』と胎蔵曼荼羅に関係する遺品が数多く発見されたことは、インド密教の歴史を考える上でも、非常に意義深い。

いっぽうバウマカラ王朝が都を置いたとされるジャジプルのコンパウドには、阿閦如来と阿弥陀如来の小像が収蔵されている。この作品は、かつてラトナギリ遺跡の何《いず》れかの仏塔の東面と西面に安置されていた仏塔四仏の断片と考えられる。ジャジプルの四仏断片については、本書第十章で詳しく紹介することにする。

さらにラトナギリでは、インド中期密教に関連する第一期の造像が終わった後、インド後期密教に属するクリシュナヤマーリやヘールカ、チャクラサンヴァラなどを含む第二期の造像が行われたことが分かった。一二世紀から一三世紀初頭にかけてアフガニスタンからのイスラム教徒の侵入によって、ガンジス河中流域の仏教寺院が寇掠《こうりやく》されると、多くの僧徒がオリッサに難を逃れたといわれ、第二期の造像はその時期のものと推定される。

5　その他の遺跡

いっぽうウダヤギリの北西、一〇キロほどのところにあるラングリーヒルは、七世紀に現地を訪れた玄奘三蔵が、『大唐西域記《だいとうさいいきき》』に記録したプシュパギリ大僧院の跡とされる遺跡である。ここからは奉献小塔の周囲に不規則に配された、五体の仏像が出土した。著者は、この五仏を、現在のところインドにおける唯一の胎蔵五仏の作例ではないかと考えている（写真5・図3）。

なおラングリーヒルは、オリッサ州と現地の研究者によって発掘されていたが、インド政府考古局から遺跡の層位学的な処理が不十分であると指摘され、発掘作業が中断してしまった。また出土品を見ても、如来像や菩薩像などの通仏教的な作品が多く、五仏像以外に、密教との関連を示唆するものは見当たらない。これはラングリーヒルが、三大仏教遺跡より古く、玄奘三蔵が現地を訪れた七世紀前半の状況を反映するものだからと思われる。

これに対してブバネーシュヴァルの南西にあるハリプルの小さな祠堂には、横二三センチ、

写真５　ラングリーヒルの五仏

図３

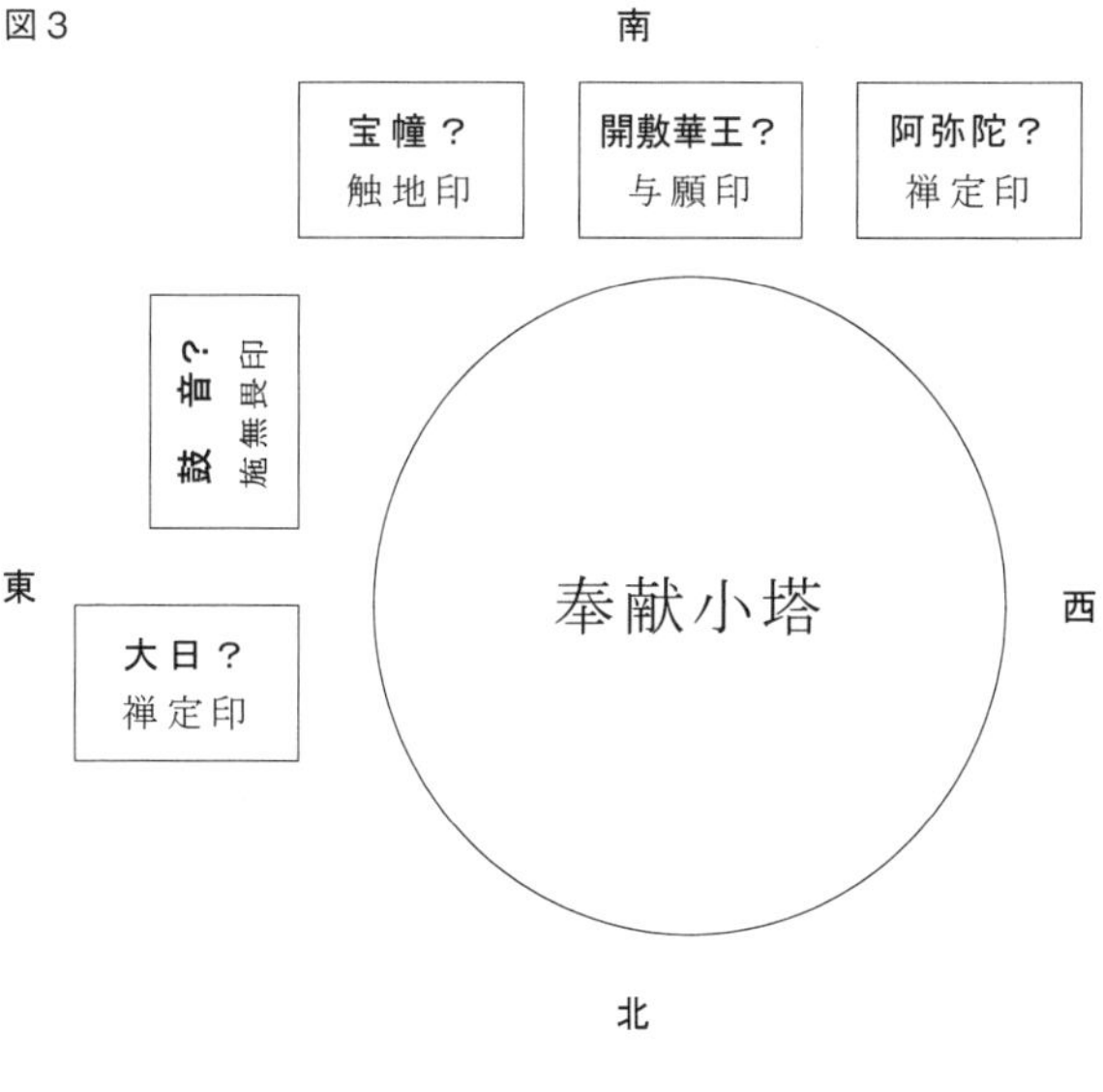

写真6　ハリプルの四仏

縦三五センチほどの小さな四仏が祀られている。これは近くのアラゴダの丘と呼ばれる遺跡から出土したもので、かつては仏塔の四方に安置されていた仏塔四仏と考えられる。著者がその図像を分析したところ、釈迦如来（左端）と『金剛頂経』以後発展した後期密教聖典『マーヤージャーラ・タントラ』（本書第十二章参照）に説かれる阿閦、宝生、阿弥陀の三尊であることが分かった（写真6）。なお仏塔の北面に本尊（釈迦）を安置し、他の三面に対応する方位の密教仏を配するのは、本章「3　ウダヤギリ」で見たウダヤギリ大塔に通じるものがある。

なおアラゴダの丘も、一九五六年に発見された直後に、インド政府考古局が現地の研究者の発掘を禁じ、自ら発掘に乗り出すと宣言したが、それ以後半世紀以上経過したにもかかわらず、いまだに着手されていない。

またブバネーシュヴァルとプーリーの間にあるアマラプラサードガルフからは、『秘密集会』ジュニャーナパーダ流（本書第十二章参照）の主尊である文殊金剛像が発見された。これも後期密教の密教仏として注目される遺品である。

さらにインド政府考古局のブバネーシュヴァル支部の収蔵庫には、チュンダー（第三章参照）つまり日本の准提観音に相当する女性尊が収蔵されている。この像は、周囲に八尊の眷属を配した曼荼羅的構造をもっている。著者がその図像を検討したところ、北宋時代に漢訳された『持明《じみょう》蔵《ぞう》瑜伽《ゆが》大教《だいきょう》尊那《そんな》菩薩《ぼさつ》大明《だいみょう》成就《じょうじゅ》儀軌《ぎき》経《きょう》』（大正一一六九）に基づくチュンダーの立体曼荼羅であることが判明した（写真7）。

このようにオリッサからは、『大日経』『金剛頂経』系の中期密教の貴重な遺物が発見されただけでなく、それ以後に栄えた後期密教系の図像も存在しており、オリッサの密教は、一三世紀頃まで栄えたことが分かった。

6　本章のまとめ

それでは本章の内容をまとめてみよう。

『大日経』の漢訳者、善無畏の故郷であるオリッサは、八世紀からバウマカラ王朝の外護のもと、仏教が栄えた。現在、三大仏教遺跡として知られるラリタギリ、ウダヤギリ、ラトナギリは、このバウマカラ王朝の時代に隆盛を迎えた。三大仏教遺蹟の出土品に、『大日経』『金剛頂経』系の仏教図像が多いのは、バウマカラ王朝の時代が、インド中期密教の全盛期に相当して

写真７　チュンダーの立体曼荼羅

いたからと思われる。

これに対してラングリーヒルは、玄奘の時代（七世紀前半）まで上げられるため、通仏教的な出土品が多く、五仏の像を除いては密教に関係する遺品は少ない。

いっぽうラトナギリの第二期や、ハリプルの四仏、アマラプラサードガルフの文殊金剛像、チュンダーの立体曼荼羅は、北宋時代に漢訳された密教聖典に基づいており、後期密教の時代に入っても、オリッサで仏教が栄えていたことを示している。

第六章　『大日経』の成立

1　『大日経』の成立過程

後世の伝承によれば、『大日経』をはじめて中国に紹介した善無畏《ぜんむい》は、北インドの王から『大日経』の原典を贈られ、その教えを伝える意図をもって唐に渡ったとされる。しかし『開《かい》元釈教録《げんしゃくきょうろく》』（大正二一五四）によれば、善無畏の訳したサンスクリット原典は、唐からインドに留学し、六七四年に北インドで客死した無行が蒐集したテキストであった。したがって善無畏が、当初から『大日経』の翻訳流布を目的としていたとは考えにくい。また無行が蒐集した写本は六七四年までに成立していたので、『大日経』は、遅くとも七世紀中葉には成立していたことが分かる。

いっぽうチベット訳（北京一二六）は、ティソンデツェン王の時代（七四二～七九七）にシーレーンドラボーディとペルツェクによって訳されたが、漢訳と比較するとかなりの出入がある

（表1参照）。また漢訳では末尾に「供養次第法」が付属しているが、『チベット大蔵経』では「供養次第法」は、テンギュル（論部）に収録される別文献（北京三四八八）となっている。またチベット訳には、漢訳にない「続タントラ」が付せられている。

本書第四章で見たように、『大日経』は先行する大乗仏典や初期密教経典の教理を総合している。まず『華厳経《けごん》』の宇宙的な仏、毘盧遮那仏《びるしゃな》（盧舎那仏）の観念を発展させ、大日如来を密教の本尊とした。

また『金光明経《こんこうみょう》』の四方四仏説を継承しているが、『文殊師利根本儀軌経《もんじゅしりこんぽんぎき》』から開敷華王如来《かいふけおう》を取り入れたため、四仏の方位配当にズレが生じている。『蘇悉地羯羅経《そしつじから》』や『蕤呬耶経《すきや》』からは、仏・蓮華・金剛の三部立ての曼荼羅を取り入れ、これを大幅に増広した胎蔵曼荼羅を説いている。また『三三昧耶タントラ』からは、仏の智慧を象徴する遍知印などを取り入れた。さらにインドで一般的な物質論である四大説、五大説を取り入れ、これを胎蔵の五仏と結びつけた。

このように『大日経』は、先行する初期密教経典を発展させて成立したと考えられるが、後述のように七世紀後半に成立した『初会金剛頂経』を介さず、直接後期密教聖典に影響を与えた要素が存在することが分かってきた。

表1　『大日経』の漢蔵訳対照（本篇のみ）

漢　訳	チベット訳
1. 入真言門住心品	(1) 心の差別を説く品
2. 入漫荼羅具縁真言品	(2) 曼荼羅建立の秘密真言の蔵
3. 息障品	(3) 障を滅することを広説する品
4. 普通真言蔵品	(4) 普通真言蔵を広説する品
5. 世間成就品	(5) 世間の人の悉地成就を説く品
6. 悉地出現品	(6) 悉地成就の自性を説く品
7. 成就悉地品	
8. 転字輪漫荼羅行品	(10) 字輪を広説する品
9. 密印品	(11) 印を広説する品
10. 字輪品	(12) 一切種に入る門にして法の字法を説く品
11. 秘密漫荼羅品	(13) 秘密曼荼羅を広説する品
12. 入秘密漫荼羅法品	(14) 秘密曼荼羅に入ることを説く品
13. 入秘密漫荼羅位品	(16) 秘密曼荼羅の位に入ることを広説する品
14. 秘密八印品	(15) 秘密八印を説く品
15. 持明禁戒品	(17) 明真言の禁戒を広説する品
16. 阿闍梨真実智品	(18) 阿闍梨の自性と名づくるものを説く品
17. 布字品	(19) 字の建立を広説する品
18. 受方便学処品	(20) 菩薩の学処の総てを有つことを説く品
19. 説百字生品	(21) 百字生を示すことを広説する品
20. 百字果相応品	(22)（百字の）果を結ぶことを広説する品

21. 百字位成品	(23) 百字を完全に建立する事を成就することを説く品
22. 百字成就持誦品	(24) 我性成就を説く品
23. 百字真言法品	(25) 百字真言の儀軌を説く品
24. 説菩提性品	(26) 菩提成就の自性を示すことを説く品
25. 三三昧耶品	(27) 三三昧耶行を説く品
26. 説如来品	(28) 如来を示すことを説く品
27. 世出世護摩法品	(29) 真言門により菩薩の行を行じる品
28. 説本尊三昧品	(7) 本尊三昧の決定を説く品
29. 説無相三昧品	(8) 無相三昧を説く品
30. 世出世持誦品	(9) 世間・出世間の持誦の自性を説く品
31. 嘱累品	(29) 真言門により菩薩の行を行じる品（末尾）

2 『大日経』の原典と成立地

『大日経』のサンスクリット原典は、ネパールやチベットからも発見されていない。近年、チベットから漢訳には含まれない続タントラの写本が同定されたが、これも一葉だけの断片に止まっている。

そのため我々は、漢字やチベット文字で音写された真言や陀羅尼以外の、『大日経』の原文を知ることができなかった。

ところがジャワで発見された密教文献サン・ヒアン・カマハーヤーニカン Sang hyang Kamahayanikan の序文は、四十二偈のサンスクリット文からなるが、荻原雲来は、このうち十四偈半が『大日経』からの引用であることを発見した。

これによって我々は、はじめて真言・陀羅尼ではない、『大日経』本文の原文を知ることができるようになった。この原文には、正則サンスクリットと乖離した部分があったため、『大日経』の原文には、俗語的要素が混入していたと考える学者が現れた。

いっぽう『大日経疏』や『大日経義釈』には、『大日経』の重要偈を漢字や悉曇《しったん》で音写した箇所があり、これからも、いくつかの原文を復元することができる。

前述のように、ネパールやチベットから多数の密教文献の原典が発見されたが、『大日経』自体の写本は未発見である。しかし『大日経』を引用する多数のサンスクリット文献が発見、同定され、かなりの部分が、そこから復元できるようになった。

これらSang hyang Kamahayanikan以外のテキストからの引用を見ると、一部に仏教混成梵語の影響が認められるものの、全体的には正則サンスクリットに近い。Sang hyang Kamahayanikanは、ジャワで編集されたテキストであったため、正則サンスクリットから逸脱した書写の誤り、記憶違いによる語句の取り違えなどが多かったのではないかとする見解が有力になっている。

このように他文献に見られる『大日経』の梵文断簡については、松長有慶博士の先駆的業績があったが、その後の研究の進展により、さらに多数の梵文が回収できるようになったので、この度、表に対応部分を整理してみた（表2参照）。

表２『大日経』梵文断簡（真言・陀羅尼を除く）

品名	大正蔵	チベット訳	出典	同定者
住心品	1b7-16	57b3-58a2	*Nāmamantrārthāvalokinī*	桜井宗信
	1b29-c1	241-1-8	*Bhāvanākrama*	G. Tucci
	1c1-2	241-1-8 ～ 2-1	*Caryāmelāpakapradīpa*	Banarsi Lal
具縁品	4b7-16 6a17-24 12a13-28	244-2-3 ～ 5 245-3-3 ～ 6 249-3-3 ～ 4-2	*Sang hyang kamahāyānikan*	荻原雲来
	4c7-10	244-3-5 ～ 6	『大日経義釈』	
	6a28-b3	245-3-7 ～ 4-3	『大日経義釈』	
	11c22-29	249-2-5 ～ 7	*Trisamayatantra-ṭīkā*	田中公明
	12b2-8	249-3-8 ～ 4-2	説三昧耶	高橋尚夫
悉地出現品	17c24-18a2	252-2-7 ～ 3-2	『大日経義釈』	慈雲飲光
	18a24-b12	＊	*Caryāmelāpakapradīpa*	Banarsi Lal
字輪品	32b9-10	262-5-4	*Viṃśatividhi*	田中公明
受方便学処品	39b9-10	267-4-7 ～ 8	*Pradīpoddyotana*	松長有慶
	40a19-20	268-3-8	*Tattvasiddhi*	V.Dwivedi
三三昧耶品	42b11-17	270-4-1 ～ 4-4	*Trisamayatantra-ṭīkā*	田中公明
	42b19-21	270-4-4 ～ 5	*Trisamayatantra-ṭīkā*	田中公明
	42b26-27	270-4-7 ～ 8	*Trisamayatantra-ṭīkā*	田中公明
説本尊三昧品	44a18-25	256-1-2 ～ 3	*Pradīpoddyotana*	松長有慶
造益守護清浄行品	46b23-25	テンギュルにあり	*Guhyasamāja-tantra* （菩提心偈）	生井智紹
続タントラ	対応なし	282-3-6～283-1-8	新出の梵文断片	王俊淇

＊「悉地出現品」のチベット訳に対応するが、完全には一致しない。

回収された原文をみると、最初の「住心品」から末尾の「供養次第法」（チベット訳では別文献になっている）にまで及んでいるが、出典を見ると、*Caryāmelāpakapradīpa*、*Viṃśatividhi*、*Pradīpoddyotana* は『秘密集会』聖者流（本書第十二章参照）の重要典籍である。*Tattvasiddhi* と *Bhāvanākrama* は、チベット仏教の草創期にチベットに入り、仏教を弘めたナーランダーの学匠、シャーンタラクシタとカマラシーラ師弟の著作で、その活躍年代は八世紀中葉から九世紀前半に置くことができる。また「出典」欄に『大日経義釈』としたのは、同書の悉曇梵字による音写から復元できる部分である。*Trisamayatantra-ṭīkā* は、著者が智山学報に寄稿した論文で報告したネパール国立公文書館 National Archives 所蔵の『三三昧耶タントラ』のサンスクリット註から回収できた部分である。

表のように、『大日経』を引用する密教論書は、『秘密集会』聖者流のテキストが最も多い。これに対して、『大日経』に言及するジュニャーナパーダ流のテキストは、現在までのところ知られていない。

なお九世紀以後のテキストで『大日経』を引用するものもあるが、現行の『大日経』とは一致しないものが見られる。また上掲テキストと同一箇所を引用しているものは、孫引きの可能性が強く、引用者が原典を参照していない可能性がある。

中国に『大日経』を伝えた善無畏はオリッサの出身であり、前章で見たように、オリッサからは『大日経』系の密教美術が多数出土している。しかしその成立年代は八世紀から九世紀とされ、『大日経』が成立した七世紀までは遡れない。

その善無畏は出家後、ナーランダーでダルマグプタに密教を学んだといわれる。いっぽうシャーンタラクシタ、カマラシーラもナーランダーの学匠である。さらに本書第十二章で見るように、『秘密集会』聖者流の祖ナーガールジュナは、ナーランダーで活躍したといわれる。これらの事実は、『大日経』がナーランダーと何らかの関係をもっていたことを推測させる。これに対してジュニャーナパーダ流のテキストに『大日経』への言及が見られないのは、それがナーランダーではなく、ヴィクラマシーラに伝えられたからだと思われる。

3 『不空羂索神変真言経』と『大日経』

初期密教経典『不空羂索神変真言経《ふくうけんさくじんぺんしんごんきょう》』（大正一〇九二）は、菩提流志《ぼだいるし》によって七〇七年から七〇九年にかけて漢訳され、対応するチベット訳も『デンカルマ目録』に収録されることから、吐蕃《とばん》時代に翻訳されていたことが分かる。したがってその中心部分は、すでに七世紀には成立していたと推定される。

石田尚豊《ひさとよ》博士は、善無畏が「胎蔵図像」を構成するに当たり、『大日経』に詳説されない胎蔵曼荼羅諸尊の図像に関して本経、とくにその「広大解脱曼拏羅品《こうだいげだつまんだらほん》」を参照していたことを明らかにした。さらに石田博士は、「胎蔵図像」が空海請来の現図曼荼羅にも大きな影響を及ぼしたことも解明した。そこで『不空羂索神変真言経』を『大日経』の先行経典とする見解が有力になったが、チベットで『不空羂索神変真言経』のサンスクリット写本が発見されると、以下のような問題があることが判明した。

『不空羂索神変真言経』では、サンスクリット原典とチベット訳の間には大きな差違がないのに対して、漢訳には著しい増広があることが分かった。とくに「広大解脱曼拏羅品」では、梵蔵両本には存在しない多数の尊格とその図像学的記述が増補されている。その大半は、石田博士によって「胎蔵図像」の典拠とされた部分であり、これらが梵蔵両本に見られないことに関しては、菩提流志が『大日経』について何らかの資料を所持しており、そこから尊格と図像学的記述を補充した可能性が指摘されていた。

いっぽう本書第十章で見るように、漢訳には金剛界四仏についての記述（チベット訳にはない）もあり、菩提流志が『大日経』だけでなく『初会金剛頂経』についても知るところがあったことを暗示している。

なお著者が、千手観音の経典である智通訳『千臂経《せんぴ》』（大正一〇五七）と、その異訳である菩提流志訳『姥陀羅尼身経《もだらにしん》』（大正一〇五八）、著者が同定したチベット訳の対応部分（東北六九〇の後半）を比較したところ、菩提流志が智通訳とチベット訳にはない曼荼羅の図像学的記述を補っていることを発見した。

これに関して著者は、菩提流志の梵本に白描図像が付帯していた可能性を想定している。ネパールの密教写本には、白描図像が付帯するものがある。菩提流志訳『不空羂索神変真言経』に見られる図像学的記述は、禅定印を「以右手背押左手掌」と表現するなど、形態的な記述に終始している。したがって菩提流志は、梵本に存在した図像学的記述を訳したのではなく、写本に付随していた図像の形状を漢語で記述したと推定されるのである。

したがって『不空羂索神変真言経』に関しては、サンスクリット原典とチベット訳は『大日経』に先行すると見られるが、菩提流志訳は逆に『大日経』を参照している可能性があり、先行経典には含めない方がよいと考えている。

4 『大日経』が後世に与えた影響

それではつぎに、『大日経』が後世に与えた影響について、簡単に見ることにしたい。

インド後期密教は『金剛頂経』系の発展形態で、九世紀以後は『大日経』を引用する密教論書も減少する。そこで『大日経』が、その後のインド密教に与えた影響は大きくないと見られてきた。

ところがインド後期密教の教理・実践体系を分析すると、『金剛頂経』系ではなく、『大日経』からの直接・間接の影響を示す事例が、いくつも見出される。

本書は、インド密教の歴史的発展を概観するために書かれた。そのため総ての事例を紹介することはできないが、以下では、そのうちのいくつかを簡単に紹介することにしたい。

密教の入門儀礼である灌頂《かんじょう》を、はじめて本格的に説いたのは、『大日経』「具縁品《ぐえんぼん》」である。そして「具縁品」所説の灌頂次第は、中期密教を経て後期密教の灌頂、とくに受者に密教の阿《あ》闍梨《じゃり》の資格を付与する阿闍梨灌頂の次第に継承された。この事実は、後期密教の灌頂儀軌に説かれる複数の真言や偈《げ》が、『大日経』由来であることから確認できる。

これに対して『初会金剛頂経』には、一般信徒に授ける結縁《けちえん》灌頂を構成する入壇や投華得仏《とうげとくぶつ》の次第しか説かれていない。『金剛頂経』系の瑜伽タントラで灌頂次第を詳説するのは、本書第八章で見る『理趣広経《りしゅこうきょう》』の後半部分である。したがって密教の灌頂儀礼は、『大日経』から直接あるいは『理趣広経』を経て後期密教に継承されたと見られる。

『大日経』の思想の根幹をなすものとして、「住心品」所説の「如実知自心」が挙げられる。心の本質を知ることが悟りであるという思想は、『金剛頂経』の五相成身観《ごそうじょうじんかん》の第一段階である「通達菩提心」に継承され、やがて後期密教の心識論を代表する「三顕現と光明」(本書第十三章参照)へと発展する。

この事実は、「三顕現と光明」を主要なトピックとする『秘密集会』聖者流の *Caryā-*

melāpakapradīpa の第四章が、冒頭に『金剛頂経』の五相成身観とともに『大日経』の「如実知自心」を、教証として挙げることからも確認できる。

『大日経』は、インドの伝統的な物質論である四大説・五大説を取り入れ、これを胎蔵の五仏に結びつけた。これに対して金剛界の五仏は、五大ではなく五智に配当するのが一般的である。ところが本書第十五章で見るように、後期の瑜伽《ゆが》タントラは、五大を『金剛頂経』系の五仏に結びつけ、これが『マーヤージャーラ』（本書第十二章参照）を経て、『時輪《じりん》タントラ』の六大説へ発展したと考えられる。

なお空海は、『大日経』の五大説と『金剛頂経』系の五智説を結びつけ「六大体大」を唱えたが、これは『時輪』で確立する六大説を、三〇〇年ほど先取りしたものと見ることができる。

さらに『大日経』の後半部分、「増益守護清浄行品」に説かれる発菩提心真言の「増加句」は、日本では注目されなかったが、『秘密集会タントラ』「第二分」に、毘盧遮那の菩提心偈として取り入れられ、後期密教に大きな影響を与えた。

なお『秘密集会』では、持金剛仏と毘盧遮那以外の四仏も、それぞれ菩提心偈を説くが、毘盧遮那の菩提心偈とは韻律が異なり、明らかに後から付加されたものである。そしてこれが「毘盧遮那の菩提心偈」と呼ばれるのは、それが『大日経』由来であることを暗示するものといえる。

また天台密教においては、『大日経』は『法華経』の深秘《じんぴ》とされ、両者は思想的に一致するとされていた。これは善無畏の『大日経』漢訳を助けた一行《いちぎょう》（六八三〜七二七）が天台の学匠で、彼が善無畏の講義を記録した『大日経疏』や『大日経義釈』において、天台に引き寄せた解釈をしたからだといわれてきた。

ところが『大日経』「住心品」の「縁業生増長せる有情類の業寿《ごうじゅ》の種を除きて、復《ま》た芽種《がしゅ》生起することあり」を、ブッダグヒヤの『大日経広釈』は、煩悩を断って無余涅槃《むよねはん》に入った声聞《しょうもん》が、仏の加持によって蘇生し、菩薩の十地に入ることであると註釈している。これはまさに『法華経』の三乗方便一乗真実の義に合致する。

このように考えると、善無畏と一行が『大日経』と『法華経』は思想的に一致すると考えたのは、あながち故なしとはいえなくなる。ただしそれならどうして『大日経疏』や『大日経義釈』に、それが明確に説かれなかったのかが疑問になる。インド出身の善無畏と漢人の一行の間で、完全なコミニケーションが取れなかった可能性があるが、興味深い問題といえる。

5 チベットにおける『大日経』系の密教

吐蕃のティソンデツェン王は、インドからブッダグヒヤを招聘しようとしたが、ブッダグヒヤはそれを断り、自らがチベットに赴いたのと同じ効果をもたらす著作として、『大日経略釈』

写真１　胎蔵の砂曼荼羅（ラジャ寺）

と『大日経広釈』の二種の註釈を贈ったといわれる。

反社会的な要素が警戒されていた後期密教のタントラとは異なり、『大日経』は吐蕃公認の密教であり、チベットや敦煌における胎蔵大日八大菩薩像の造立ともあいまって、吐蕃時代の八世紀から九世紀にかけて、大いに流行したことが窺える。しかし吐蕃解体後の一一世紀に新訳密教が伝来すると、『金剛頂経』系の瑜伽タントラや後期密教聖典の隆盛に押されて『大日経』の伝承は衰退してしまった。

現在、チベットにおける『大日経』系の密教は、アムド（東北チベット）のラブランの時輪学堂、ラジャの時輪学堂、シャキュンの現覚院の三つの学堂（いずれもゲルク派）に残存していることが分かった（写真1）。なおその法系は、吐蕃時代に伝来したブッダグヒヤの系統ではなく、インドの学匠ジェーターリ（一〇世紀後半）にはじまる法系が、サキャ派経由で現在まで伝えられたことが分かった。

著者は現在、チベットに残存する『大日経』と胎蔵曼荼羅の伝承について、精力的に調査を進めているが、これについては「参考文献」に挙げた著書や論文を見られたい。

6　本章のまとめ

それでは本章の内容をまとめてみよう。

後期密教は『金剛頂経』系の発展形態であるため、『大日経』がインド密教に与えた影響については、これまで過小評価されてきた。その中で、阿闍梨灌頂の次第は、『大日経』が後期密教に影響を与えた例といえる。

『大日経』の「如実知自心」は、『金剛頂経』の五相成身観の「通達菩提心」に発展し、さらに後期密教の心識論や成仏論に影響を与えた。

さらに『大日経』の五大説は、『大日経』系と『金剛頂経』系を総合する後期瑜伽タントラに継承され、最終的に『時輪タントラ』の六大説に発展する。

また『大日経』所説の菩提心偈が、『秘密集会タントラ』に取り入れられ、複数の註釈書が成立するなど、後期密教に大きな影響を与えたことが分かった。

第七章　南天鉄塔の謎

1　『金剛頂経』と金剛界曼荼羅

本書ではこれまで、インドに密教が現れてから、『大日経』が成立するまでの歴史を概観してきた。これに対して本章からは、『金剛頂経』とそれに説かれる金剛界曼荼羅の成立について見てゆくことにしたい。

金剛界曼荼羅を説く『金剛頂経』は単独の経典ではなく、十八会《え》十万頌《じゅ》という厖大な聖典の集成とされている。十八会というのは、全体が一八のテキストから構成されるという意味で、われわれが通常『金剛頂経』と呼ぶのは、このうちの初会《しょえ》、つまり最初のテキストである。これを『金剛頂経』を構成する他のテキストと区別する場合には、『初会金剛頂経』と呼ぶ。これに対して十八会十万頌のテキストは、「広本《こうほん》」と呼ばれる。

中国に『金剛頂経』系の密教を本格的に導入した不空《ふくう》（七〇五～七七四）は、『金剛頂経』の全体を訳すことはなかったが、『金剛頂経瑜伽《ゆが》十八会《じゅうはちえ》指帰《しいき》』（以下『十八会指帰』）を著し、十八会十万頌の広本の概要を記述している。

しかし『十八会指帰』は、『初会金剛頂経』の内容のみ詳細に述べ、他の一七のテキストについては要点を略述するに過ぎない。そこで、十八会十万頌の広本の実在を疑う研究者も多い。しかし不空の後、北宋時代に漢訳された密教経典や、八世紀以後チベット語に訳された厖大な密教聖典の中に、不空の記述に合致するテキストがいくつかあり、十八会のうちの二会、三会、四会、六会、九会、十三会、十五会、十六会などに比定されている。

なお『理趣経』の広本とされる『理趣広経』（第八章参照）は『金剛頂経』十八会の第六会、『秘密集会《ひみつしゅうえ》タントラ』（第十二章参照）は第十五会と考えられている（表1）。

これに対して十万頌というのは、文献の量である。インドでは、テキストの長さを音節の数で計る慣行がある。そしてインドで最も普及した定型詩、シュローカに換算して何首に相当するかで、文献量を示すのである。日本の和歌は三十一文字《みそひともじ》であるが、シュローカは一首が三二音節なので、十万頌は三二〇万音節に相当する。

これらの聖典群は、必ずしも同一の内容を説いているわけではないが、『大日経』までの初中期密教聖典が仏・蓮華・金剛の三部を基本としていたのに対し、如来・金剛・宝・法（蓮華）・羯磨《かつま》からなる五部の体系をもつという点では共通している。そしてこの五元論は、金剛

表1　金剛頂経十八会一覧

経　　題	漢　訳（大正 No.）	チベット訳（北京 No.）
①一切如来真実摂教王	大正 No.882 大正 No.865	北京 No.112
②一切如来秘密王瑜伽		北京 No.113
③一切教集瑜伽		北京 No.113
④降三世金剛瑜伽	（大正 No.1040）	北京 No.115
⑤世間出世間金剛瑜伽		
⑥大安楽不空三昧耶真実瑜伽	大正 No.244	北京 No.119
⑦普賢瑜伽	（大正 No.1121）	北京 No.120
⑧勝初瑜伽	大正 No.244	北京 No.120
⑨一切仏集会拏吉尼戒網瑜伽	（大正 No.1051）	北京 No.8,9
⑩大三昧耶瑜伽		
⑪大乗現証瑜伽	大正 No.868?	
⑫三昧耶最勝瑜伽		
⑬大三昧耶真実瑜伽	大正 No.883	
⑭如来三昧耶真実瑜伽		
⑮秘密集会瑜伽	大正 No.885	北京 No.81
⑯無二平等瑜伽	大正 No.887	北京 No.87
⑰如虚空瑜伽		北京 No.80 ?
⑱金剛宝冠瑜伽		

（　）でくくったものは、一部を訳したもので全訳ではない。

界曼荼羅の基本構造とも一致する。

『初会金剛頂経』は、金剛界、降三世《ごうざんぜ》、遍調伏《へんちょうぶく》、一切義成就の四大品からなり、全体で二八種の曼荼羅を説いている。これらの中では、「金剛界品」の冒頭に説かれる金剛界大曼荼羅（成身会《じょうじんえ》）が最も重要である。この曼荼羅は、五仏、十六大菩薩、四波羅蜜、内外の八供養、四摂《ししょう》の金剛界三十七尊からなり、金剛界系の曼荼羅の基本パターンを提示するものといえる（図1）。これに対して、「金剛界品」に説かれる三昧耶《さんまや》曼荼羅（三昧耶会）、法曼荼羅（微細会《みさいえ》）、羯磨曼荼羅（供養会）は、基本パターンの変化形態と見なされる。

いっぽう四印曼荼羅（四印会）は、複雑な組織をもつ金剛界曼荼羅から、その基本構造のみを抽出した省略形態、一印曼荼羅（一印会）は根元的一者のみを示した究極の省略形態である。

このように『初会金剛頂経』所説の他の曼荼羅は、すべて最初に説かれる金剛界大曼荼羅の変化形態あるいは省略形態となっている。このような基本パターンの変形・換位と拡大縮小は、『初会金剛頂経』の全篇を通じて、いたるところに見ることができる。

そして現行の金剛界九会《くえ》曼荼羅は、「金剛界品」に説かれる上述の六種と、「降三世品」に説かれる最初の二つの曼荼羅、そして『金剛頂経』の第六会とされる『理趣経』に説かれる十七尊曼荼羅（理趣会《りしゅえ》）を加えて、九会にしたものである（表2）。

これに対して天台密教で用いられる金剛界八十一尊曼荼羅は、九会曼荼羅の成身会に相当す

図1

金剛界三十七尊配置図

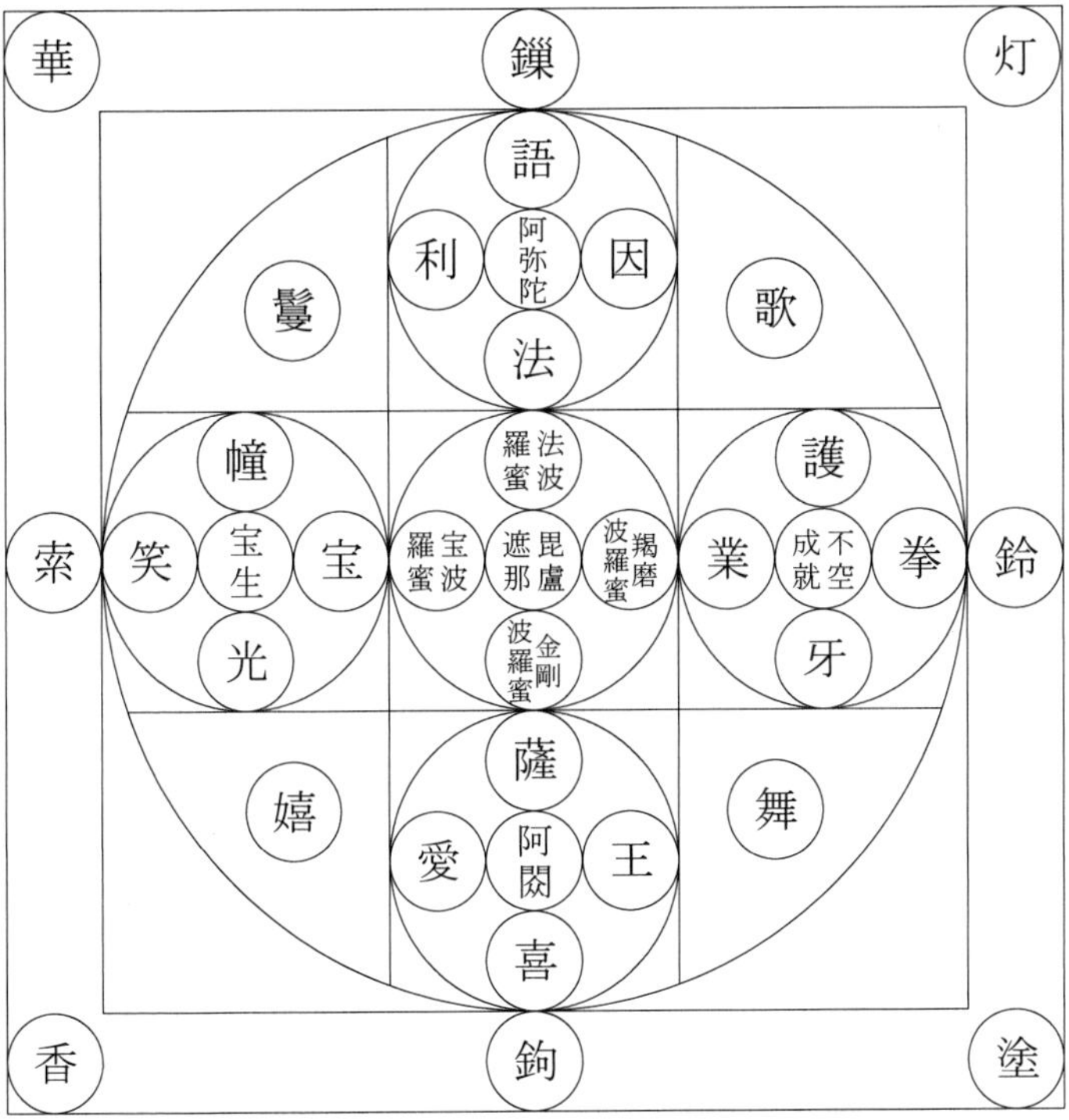

表２　『初会金剛頂経』の構成と九会曼荼羅

			六種曼荼羅	九会曼荼羅
金剛界品		1. 金剛界大曼拏羅広大儀軌分	大曼荼羅	成身会
		2. 金剛秘密曼拏羅広大儀軌分	三昧耶曼荼羅	三昧耶会
		3. 金剛智法曼拏羅広大儀軌分	法曼荼羅	微細会
		4. 金剛事業曼拏羅広大儀軌分	羯磨曼荼羅	供養会
		5. 現証三昧大儀軌分	四印曼荼羅	四印会
			一印曼荼羅	一印会
降三世品		6. 降三世曼拏羅広大儀軌分	大曼荼羅	降三世会
		7. 忿怒秘密印曼拏羅広大儀軌分	三昧耶曼荼羅	降三世三昧耶会
		8. 金剛部法智三昧曼拏羅広大儀軌分	法曼荼羅	
		9. 金剛部羯磨曼拏羅広大儀軌分	羯磨曼荼羅	
		10. 大金剛部広大儀軌分	四印曼荼羅	
			一印曼荼羅	
	外金剛部	11. 三世輪大曼拏羅広大儀軌分	大曼荼羅	
		12. 一切金剛部金剛曼拏羅広大儀軌分	三昧耶曼荼羅	
		13. 一切金剛部法三昧曼拏羅広大儀軌分	法曼荼羅	
		14. 一切金剛部羯磨曼拏羅広大儀軌分	羯磨曼荼羅	
遍調伏品		15. 調伏一切世間大曼拏羅広大儀軌分	大曼荼羅	
		16. 蓮華秘密印曼拏羅広大儀軌分	三昧耶曼荼羅	
		17. 智曼拏羅広大儀軌分	法曼荼羅	

	18. 大曼拏羅広大儀軌分	羯磨曼荼羅	
		四印曼荼羅	
		一印曼荼羅	
一切義成就品	19. 一切義成就大曼拏羅広大儀軌分	大曼荼羅	
	20. 宝秘密印曼拏羅広大儀軌分	三昧耶曼荼羅	
	21. 智曼拏羅広大儀軌分	法曼荼羅	
	22. 羯磨曼拏羅広大儀軌分	羯磨曼荼羅	
	章題なし	四印曼荼羅	
		一印曼荼羅	
続タントラ	23-25.		
続々タントラ	26. 一切如来真実摂一切儀軌勝上教理分		

る金剛界大曼荼羅のみを描くものである。

なお金剛界曼荼羅はチベットにも伝えられるが、チベットでは『初会金剛頂経』所説の二八種の曼荼羅は、すべて独立した作品として描かれる。

現行の九会曼荼羅は、現図胎蔵界曼荼羅と同じく、恵果《けいか》によって作られたと推定されている。九会曼荼羅が構成された理由は、もし両界曼荼羅の金剛界曼荼羅として八十一尊曼荼羅を採用すると、四一四尊からなる現図胎蔵界曼荼羅に比して、著しくバランスを欠くことになるからと思われる。

現図胎蔵界曼荼羅と同じく、日本には恵果によって整備された九会曼荼羅が伝えられたため、現行の九会曼荼羅と同じものが、かつてはインドにも存在したかのように思われてきた。

しかし金剛界曼荼羅の基本は九会曼荼羅ではなく、九会の成身会《じょうじんえ》に相当する金剛界大曼荼羅なのである。したがって以下の各章では、如来・金剛・宝・法（蓮華）・羯磨《かつま》の五部立ての構造をもつ『初会金剛頂経』が、いかに成立したかを中心に考えてみたい。

2 金剛界曼荼羅のシステム

金剛界曼荼羅を説く『初会金剛頂経』には、密教の思想をまとめて説いた箇所が見当たらない。『大日経』の場合は、最初の「住心品」で密教の思想が表明され、第二章「具縁品」以下で、胎蔵曼荼羅をはじめとする密教の図像と儀礼体系が説かれるのとは大違いである。

つまり『初会金剛頂経』では、金剛界三十七尊を主要な構成要員とする二八種類の曼荼羅と、それを用いた儀礼・実践体系によって、密教の思想を表現しているのである。

前述のように、『初会金剛頂経』に説かれる曼荼羅の中では、最初に説かれる金剛界大曼荼羅が基本パターンを提示するものといえるが、四印曼荼羅（四印会）は、複雑な構造をもつ金剛界曼荼羅から、その基本構造のみを抽出した省略形態、一印曼荼羅（一印会）は、根源的一者のみを示した究極の省略形態といえる。

いっぽう『金剛頂経』の第三会とされる『一切教集瑜伽《いっさいきょうしゅうゆが》』には、金剛界曼荼羅のさらに五倍の規模をもつ曼荼羅が説かれている。この曼荼羅は五部具会《ごぶぐえ》曼荼羅といい、中国に『金剛頂経』を伝えた金剛智が、長安の薦福寺《せんぷくじ》で描かせたので、「薦福寺の金泥曼荼羅」とも呼ばれた。あまりに大規模だったので、ついにわが国には伝来しなかった幻の曼荼羅である。ところがチベットには、この曼荼羅が「金剛頂の都部《とぶ》曼荼羅」として伝えられている。この曼荼羅では、金剛界曼荼羅と同じ形式の曼荼羅が縦横十文字に並んでいる。金剛界曼荼羅のシステムを発展させた、究極の大曼荼羅といえるだろう（写真1）。

このように金剛界曼荼羅は、わずか一尊の一印曼荼羅から五部具会曼荼羅まで、万華鏡のように拡大と縮小を繰り返す（図2）。

このような金剛界曼荼羅の特性は、どこから来たのだろうか？　金剛界曼荼羅では、すべての尊格を、①如来、②金剛、③宝、④法（蓮華）、⑤羯磨の五部に分類し、これを中央と東南西北に均等に配置する。これによって上下左右完全対称の曼荼羅が、簡単に構成できるようになった。しかもこの五部は、それぞれが独立しているだけでなく、お互いがお互いを包摂しあう関係にある。これを密教では互相渉入《ごそうしょうにゅう》と呼ぶが、三十七尊からなる金剛界曼荼羅の基本パターンは、五部の互相渉入を図形化したものに他ならない。これによって金剛界曼荼羅は、わずか一尊の一印曼荼羅から、金剛界曼荼羅の五倍の規模をもつ五部具会曼荼羅まで、自在に拡大縮小することができるのである。

写真１　金剛頂の都部曼荼羅（チャンパラカン）

このような五元論の導入は巨大化した密教のパンテオンを効率的に整理し、それを上下左右完全対称の画面に再構成することを目的としていたと思われる。

3　龍猛と南天鉄塔

『金剛頂経』の広本は、真言八祖（伝持）の第一祖とされる龍猛《りゅうみょう》（ナーガールジュナ）によって南天鉄塔で感得されたといわれる。

そして真言密教の伝承では、密教の龍猛と二〜三世紀に活躍した「八宗の祖」龍樹（ナーガールジュナ）を同一視し、この二人の間をうめるため、龍智（ナーガボーディ）が七〇〇歳の長

図2

金剛界曼荼羅の拡大と縮小

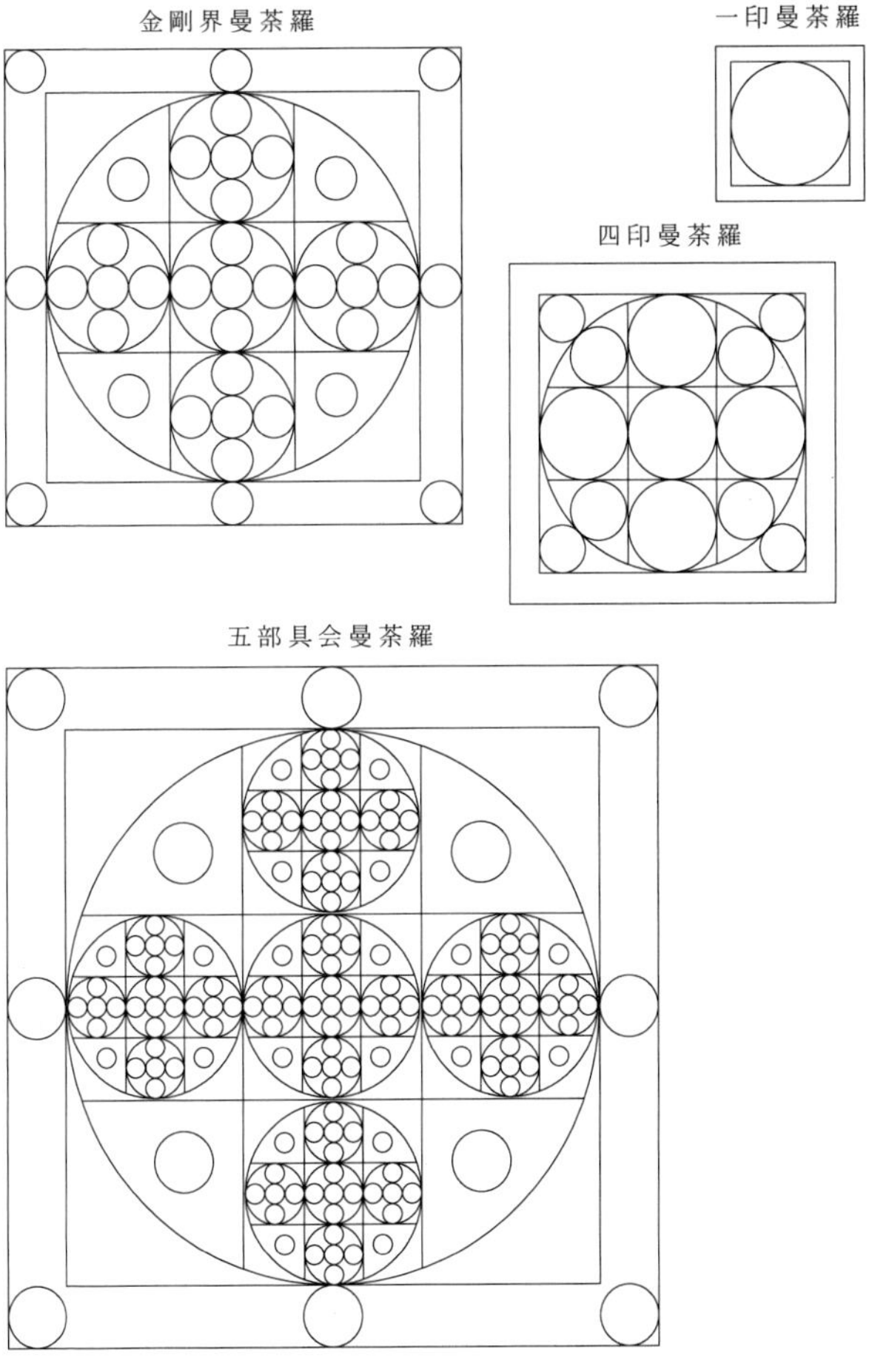

寿を保ったことになっている。なお龍智の著作は中国・日本には伝えられなかったが、チベットには龍智作とされる密教文献がいくつか伝えられている。とくに『秘密集会タントラ』に関する著作は、チベットで高く評価されている。またその長寿伝説はチベットにもあり、ツォンカパ（一三五七～一四一九）は、『秘密集会』の疑問点を解決するため、南インドに行って龍智に会おうとしたと伝えられる。

なお著者はネパール留学中に、龍智の『秘密集会曼荼羅二十儀軌』のサンスクリット写本を発見し、ローマ字化テキストを刊行した。その結果、このテキストは後期密教の中では最初期に属することが分かった。しかし金剛智の師匠の龍智（七世紀後半～八世紀前半）と、『二十儀軌』の内容から推定される著者の年代（八世紀後半～九世紀前半）の間には、なお一〇〇年ほどのタイムラグがある。またサンスクリット写本では、ナーガボーディがナーガブッディと綴られている。したがって龍猛と同じく龍智にも複数の同名異人がいた、または龍智（ナーガボーディ）とナーガブッディという別人が混同されたという可能性が考えられる。

そして龍猛が『金剛頂経』を感得した南天鉄塔とは、南天竺にあった鉄製の仏塔を意味する。伝承によれば、ここで龍猛は『金剛頂経』の広本を発見したが、鉄塔を守る護法神が怒って経典を持ち出すことを許さなかった。そこで十万頌のテキストをすべて記憶し、これを伝えたとされている。

七世紀の後半、『金剛頂経』系の聖典群がインドに現れたとき、多くの人々に驚きをもって迎えられたことは想像に難くない。そして今までにない体系をもつ密教には、何らかの権威づけが必要だったのであろう。

このように『金剛頂経』は、七世紀後半に出現した、五部立ての組織をもつ従来にはない密教聖典の総称と見ることができる。そしてその思想を端的に表現したものこそ、金剛界曼荼羅に他ならない。

4 アマラーヴァティーの大塔

龍猛が『金剛頂経』の広本を感得した南天鉄塔については、古来から種々の説が唱えられてきた。伝承では本来、南天鉄塔で発見されたのは、金剛界曼荼羅を説く『金剛頂経』だけであったが、密教の究極的な真理は胎蔵・金剛界の合一によって象徴されるという、両部不二《りょうぶふに》説が有力になると、胎蔵曼荼羅を説く『大日経』も南天鉄塔から出てきたことになった。これに対して天台密教では、『金剛頂経』は塔内相承、『大日経』は塔外《とうげ》相承という説を唱えた。

いっぽう南天鉄塔とは、衆生の心に備わる本有《ほんぬ》の浄菩提心の象徴であり、実際の建造物ではないという「理塔《りとう》」説も現れた。これに対して、南天竺に十六丈の鉄塔の実在を主張するのが「事塔《じとう》」説である。

写真２　アマラーヴァティー遺跡

高野山の密教学を近代化した栂尾祥雲（一八八一〜一九五三）は『秘密仏教史』において、南天鉄塔のモデルは、南インドのクリシュナ河（キストナ河ともいう）流域にあるアマラーヴァティー大塔であるとの説を唱えた。アマラーヴァティーの大塔は、アンドラプラデシ州のグントゥール県に遺された、基壇直径が四九メートルに及ぶ、巨大な仏塔の遺構である（写真２）。

なおアマラーヴァティー大塔の表面は石板で覆われ、鉄塔ではなかったのだが、表面のプレートが白色光沢を放っており、栂尾は、白鉄すなわち錫と誤って伝えられたと解釈している。なお栂尾説の当否については、本書第十章で検討することにする。

この仏塔は、古代アンドラ王国の東の都ダーニヤカタカの東郊外にあり、ダーニヤカタカの大塔と呼ばれた。『華厳経《けごん》』の「入法界品《にゅうほっかいほん》」によれば、善財童子《ぜんざい》は、南インドのダーニヤーカラ城郊外の大塔廟《とうみょう》に滞在していた文殊菩薩《もんじゅ》とめぐり会い、五三人の善知識を訪ねる旅に出発したといわれる。このダーニヤーカラのモデルがダーニヤカタカであり、その大塔廟とはアマラーヴァティー大塔に他ならない。

そして華厳宗の大成者、法蔵《ほうぞう》は『華厳探玄記《たんげんき》』で、インドから来た日照《にっしょう》三蔵の言葉を引用しつつ、大塔について、つぎのように述べている。

日照三蔵の云はく「此城は南天竺に在り。城東の大塔は是れ古仏の塔なり。仏世に在《いま》せし時、已《すで》に此塔有り」と。三蔵親しく其所に到るに、其塔は極めて大なり、東面に鼓楽供養すれど西面に聞こえず。今に於て現在せり（漢文読み下しは『昭和新纂国訳大蔵経』による）。

なお一七九七年に、大塔が発見された時には、塔身はほとんど崩壊していた。しかし数次にわたる発掘により、基壇と覆鉢《ふくはつ》を覆っていた、みごとな石板レリーフが出土した。これらの大半は、当時インドを植民地としていた英国に送られ、大英博物館の至宝となっている。またその後の発掘で出土した作品の大半は、チェンナイのタミールナドゥ州立博物館に所蔵され、現地の考古博物館には、わずかな遺品が残るに過ぎない。

写真3　アマラーヴァティー大塔の復元模型

しかし現地から出土した石板には、ありし日の仏塔の姿を描いたレリーフが、複数含まれている。そしてアマラーヴァティー考古博物館の中庭には、このレリーフと発掘調査から復元された大塔の模型が展示されている（写真3）。

それによると、この大塔にはサーンチーのようなトーラナ（鳥居状の塔門）がなく、基壇の四方に長方形の張り出しを設け、アーヤカと呼ばれる五本の柱を立てていたことが分かる。このような五本のアーヤカ柱をもつ仏塔は、同じアンドラプラデシ州のナーガールジュナ・コンダやジャッガヤペータにもあったことが分かっている。

なおジャッガヤペータからは、阿闍梨《あじゃり》ナーガールジュナの孫弟子が寄進したという銘文をもつ仏像が出土している。この仏像と銘文の年代は六世紀とされるので、この銘文のナーガールジュナを、二～三世紀に現れた「八宗の祖」と解釈するのには無理がある。またこれを密教のナーガールジュナ（龍猛）と同一視すると、逆に年代が一〇〇年以上早すぎることになる。しかしこの銘文によって、南インドのアンドラ地方に、ナーガールジュナを名乗る人物が、複数いたことが確認できる。

また五本のアーヤカ柱の意味についても、よくわかっていない。アマラーヴァティーの刻文によれば、南のアーヤカ柱の下に舎利を埋納した事例も知られている。

仏塔を描いたレリーフをよく見ると、中央のアーヤカ柱には頂飾がつけられ、他の四本より一段高く聳《そび》えていたことが分かる。またアーヤカ柱の側面に、菩提樹、法輪、仏塔のデザインを、浮き彫りしたものが見られる。仏像不表現時代からの伝統にしたがえば、菩提樹はブッダの降魔成道《ごうまじょうどう》、法輪は転法輪《てんぽうりん》、仏塔は入涅槃《にゅうねはん》の象徴である。したがって五本のアーヤカ柱は、ブッダの主要な事績を示すとも見られる。

この事実からは、『法華経《ほけきょう》』「神力品《じんりきぼん》」の「この経典のあるところには（中略）塔を建てて供養すべきである。それは何故かといえば、そこは道場であり、諸仏はここにおいて、この上なく正しい悟りを得、ここにおいて法輪を転じ、ここにおいて涅槃に入ったからである」という一節が想起される。

そして著者は、南天鉄塔の伝説は、アマラーヴァティーをはじめとする、南インドの仏塔の特異な形態から生まれたと考えている。

5　本章のまとめ

それでは本章の内容をまとめてみよう。

前章まで見てきた胎蔵界曼荼羅が、釈迦・観音・金剛手の三尊形式から発展した三部立てであったのに対し、金剛界曼荼羅は、五部立てのシステムをもっている。五部の諸尊を、中央と東西南北に配することで、上下左右完全対称の画面が簡単に構成できるようになった。

この画期的なシステムを説く『金剛頂経』は、龍猛（ナーガールジュナ）が南天鉄塔で感得したとものといわれる。

高野山大学で、近代的な密教学を創始した栂尾祥雲は、南天鉄塔のモデルを南インドのアマラーヴァティー大塔に比定した。

第八章　『理趣経』と『理趣広経』

1　はじめに

前章で見たように、初期密教や『大日経』系の密教が、古代インドから存在した三尊形式から発展した仏部・蓮華部・金剛部の三部立てであったのに対し、『金剛頂経』系の密教は、如来部・金剛部・宝部・法部（蓮華部）・羯磨《かつま》部の五部からなる画期的なシステムをもっていた。そして五部に分類される諸尊を、中央と東南西北に均等に配することで、上下左右完全対称の幾何学的パターンをもつ曼荼羅が、容易に構成できるようになった。そして九世紀以降、インドでは『金剛頂経』系の密教が爆発的に発展して、後期密教の時代に入る。これは『金剛頂経』系の五元論のシステムが、密教の発展とともに膨大な数に達した尊格だけでなく、三昧耶《さんまや》形《ぎょう》（シンボル）、真言陀羅尼《しんごんだらに》（呪文）、教理概念、修道論などを、体系的に整理するのに都合がよかったからと思われる。

それではこの画期的な五元論のシステムは、どこから来たのだろうか？　本章では『金剛頂経』系の密教聖典の中で、最も早く成立したと考えられる『理趣経《りしゅきょう》』を中心に、その問題を考えてみたい。

2　『理趣経』の成立

真言宗の常用経典『理趣経』は、『初会金剛頂経』と密接な関係にあり、金剛界九会曼荼羅に理趣会が組み込まれたのは、そのためである。しかし『十八会指帰《じゅうはちえしいき》』は、『初会金剛頂経』を初会とするのに対し、『理趣経』は第六会としている。そこで『金剛頂経』十八会の次第が経典の成立順序を反映すると考えて、『初会金剛頂経』が『理趣経』に先行するとの見方もあった。

『理趣経』は、七世紀に活躍した中観《ちゅうがん》派の論匠チャンドラキールティの『プラサンナパダー』に、『百五十頌般若経』の名で引用されている。また最も早い漢訳は、玄奘《げんじょう》訳の『般若理趣分』（大正二二〇―一〇）である。現行の不空《ふくう》訳『般若理趣経』（大正二四三）と『般若理趣分』の間には、かなりの出入があるが、玄奘がインドから帰国した六四六年までに、その原初形態が成立していたことは確実である。さらに六九三年に来朝した菩提流志《ぼだいるし》訳『実相般若波羅蜜《じっそうはんにゃはらみつ》経《きょう》』（大正二四〇）は、不空訳により接近しており、現行テキストに近い梵本が七世紀のインドに存在していたことは確実である。これは他のいかなる『金剛頂経』系のテキストより早い。したがって『理趣経』が先に成立し、その内容が『初会金剛頂経』に影響を与えたと見るのが自然である。

そして『理趣経』の広本『理趣広経《りしゅこうきょう》』は『金剛頂経』十八会の第六会『大安楽不空三昧耶《だいあんらくふくうさんまや》真実瑜伽《しんじつゆが》』に相当すると考えられてきた。しかし、本章「5『理趣広経』とは何か？」で見るように、第六会に相当するのは『理趣広経』前半の「般若分」のみで、後半の「真言分」は第七会『普賢《ふげん》瑜伽』あるいは第八会『勝初《しょうしょ》瑜伽』に相当すると考えた方がよい。

いっぽう『初会金剛頂経』の釈タントラで、酒井真典博士が『金剛頂経』の第二会と第三会に比定した『金剛頂タントラ』（北京一一三）には、「吉祥最勝本初」dPal mchog dan po すなわち『理趣広経』の後半部分への言及が見られる。なお『理趣広経』に言及するのは、『金剛頂タントラ』のうち酒井博士が第二会に比定した部分である。

『初会金剛頂経』と『理趣広経』との先後については他著で詳しく論じているが、少なくとも『初会金剛頂経』の四大品を釈する第二会より、『理趣広経』の後半に相当する第八会が先行することが確認できる。

したがって著者は、『初会金剛頂経』をはじめとする瑜伽タントラの中では、『理趣経』の成立が最も早いと考えている。そして『理趣経』に印・真言・曼荼羅儀軌などの密教的要素が付加され、現在の『理趣広経』にまとめられるプロセスが、『初会金剛頂経』と金剛界曼荼羅の成立にも多大な影響を与えたと推定している。

3 理趣会と十七尊曼荼羅

『金剛頂経』は、南天鉄塔を開いて十八会十万頌《じゅ》の広本を人間界にもたらしたとされる龍猛《りゅうみょう》の孫弟子に当たる金剛智（六七一～七四一）によって、中国に伝えられた。そして金剛智の弟子、不空（七〇五～七七四）は師の没後、南インドとスリランカに渡って、さらに『金剛頂経』系の密教を学んだ。そして不空の弟子、恵果《けいか》（七四六～八〇五）が空海に授けた金剛界曼荼羅は九会曼荼羅といい、恵果が本来は別の曼荼羅として描かれていた金剛界系の九種の曼荼羅を、三×三の画面に再構成したものと考えられる。

そして九会曼荼羅の右上に描かれる理趣会が、本章で取り上げる『理趣経』を代表する曼荼羅である。この理趣会は、九会の中で唯一、『初会金剛頂経』ではなく『金剛頂経』の第六会とされる『理趣経』に基づいている。本章では、『金剛頂経』の成立を考える前に、『理趣経』の曼荼羅について、簡単に見ることにしたい。

理趣会では、大日如来ではなく、密教における菩薩の理想像＝金剛薩埵《こんごうさった》が主尊となる。またその周囲には十六尊の眷属が配され、全体で十七尊からなるので、十七尊曼荼羅とも呼ばれる。

ただし眷属の尊名は、テキストによって異なっている。

この十七尊は、『理趣経』の冒頭に提示される「十七清浄句《しょうじょうく》」と呼ばれる十七の教理命題に対応している。『理趣経』では、人間の煩悩は本来清浄であり、本質的には悟りの心、菩提心と同一であると説かれる。それを愛欲の譬喩で示したのが「十七清浄句」である。十七尊の尊名がテキストによって異なるのは、教理命題の方が先に存在し、それを尊格化した十七尊の方が、後で成立したからだと考えられる（写真1・表1）。

いっぽうチベットからは、十七尊曼荼羅の作例が発見されていなかったが、最近になってネパール上部ムスタンのローマンタンにあるチャンパラカンの二階から、一五世紀初頭に遡りうる美しい作品が同定された（写真2）。チベットの十七尊曼荼羅は、日本の理趣会と基本的に同一だが、眷属の図像が一部で異なっている。日本の理趣会は、九会曼荼羅の中に組み込むため、金剛界曼荼羅と整合的になるように、図像の一部に改変が加えられているのに対し、チベットの十七尊曼荼羅は『理趣経』本来の図像を保存しているからである。

またチベット仏教圏で作例が少ないのは、チベットでは『理趣経』の曼荼羅として、『理趣広経』「般若分」の冒頭に説かれる『理趣広経』金剛薩埵曼荼羅の方が普及しているからである。なお『理趣広経』金剛薩埵曼荼羅は、金剛界曼荼羅の成立を考える上で重要な曼荼羅であるが、本書は密教図像ではなく密教史を中心に扱うので、この曼荼羅についての考察は省略し

写真1　理趣会（長谷寺版・大正大蔵経図像部）

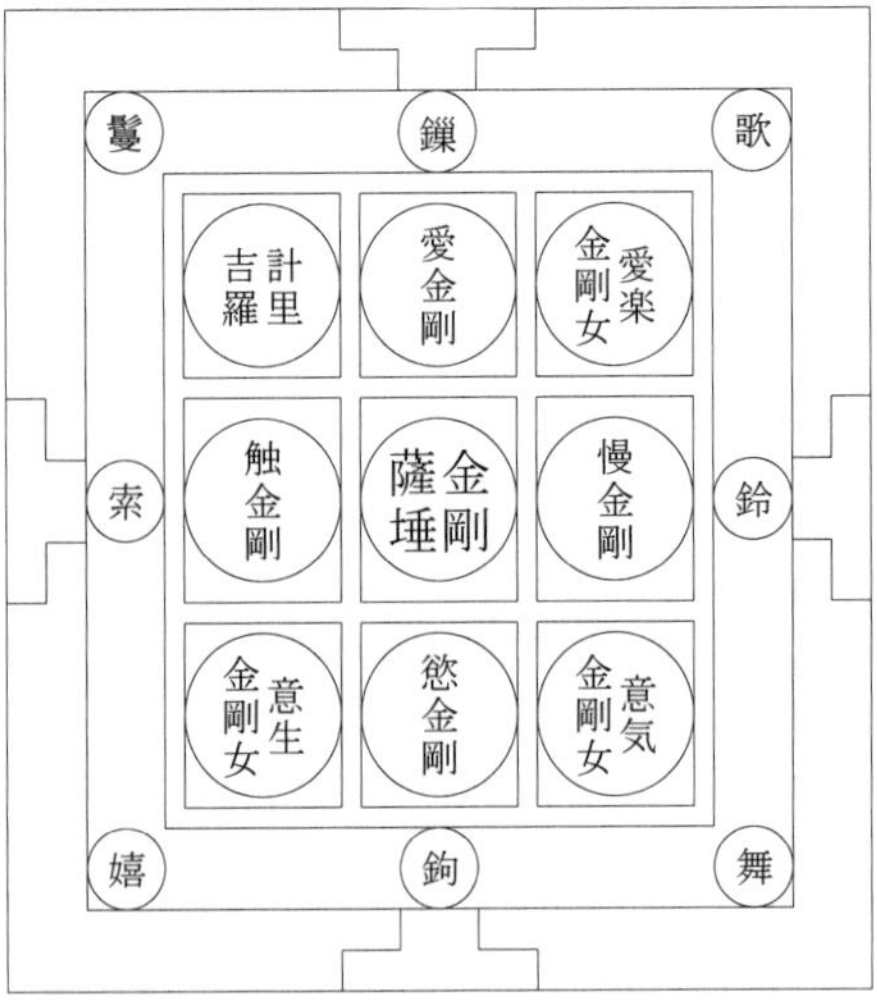

表1 『理趣経』十七清浄句と十七尊曼荼羅

十七清浄句	『理趣釈経』	十七尊義述	理趣会	金剛界曼荼羅対応する菩薩	チベットの理趣経曼荼羅
妙適	金剛薩埵	金剛薩埵	金剛薩埵	金剛薩埵	金剛薩埵
慾箭	慾金剛	意生金剛	慾金剛		意生
触	金剛髻離吉羅	髻利吉羅金剛	触金剛		キリキリ
愛縛	愛金剛	悲愍金剛	愛金剛		念
一切自在主	金剛傲	金剛慢	慢金剛		慢
見	意生金剛	金剛見	金剛嬉	金剛嬉	金剛嬉
適悦	適悦金剛	金剛適悦	金剛鬘	金剛鬘	金剛笑
愛	貪金剛	金剛貪	金剛歌	金剛歌	金剛歌
慢	金剛慢	金剛自在	金剛舞	金剛舞	金剛舞
荘厳	春金剛	金剛春	計里吉羅	金剛華	適悦女
意滋沢	雲金剛	金剛雲	意生金剛女	金剛香	妙適悦
光明	秋金剛	金剛秋	愛楽金剛女	金剛灯	金剛眼
身楽	冬金剛	金剛霜雪	意気金剛女	金剛塗	大吉祥
色	色金剛	金剛色	金剛鉤	（金剛鉤）	色金剛
声	声金剛	金剛声	金剛索	（金剛索）	声金剛
香	香金剛	金剛香	金剛鏁	（金剛鏁）	香金剛
味	味金剛	金剛味	金剛鈴	（金剛鈴）	味金剛

写真２　十七尊曼荼羅（チャンパラカン）

た。著者の『インドにおける曼荼羅の成立と発展』あるいは『両界曼荼羅の源流』（ともに春秋社）を見られたい。

4　教理命題の尊格化

『理趣経』は、序分を含めて十八段に分科される（一三八頁の表2参照）。このうち十七尊曼荼羅は、②大楽の法門に対応するが、それ以外の各段を構成する教理命題も尊格化され、曼荼羅を構成するようになった。これを『理趣経』十八会曼荼羅と呼び、彩色の作品は少ないが、白描図像として複数の作例を遺している。このように『理趣経』では、経典に説かれる教理命題の尊格化が試みられ、それぞれの尊格が集会する曼荼羅を観想すれば、その経典の思想が理解できるという、教理命題と尊格の一対一の対応関係が確立したのである。

そして『理趣経』では、十七の教理命題が説かれる②大楽の法門以外では、教理命題は四つ、稀には五つにまとめられていた。そこで教理命題を尊格化した眷属も四尊となり、これらを各段の教理全体を象徴する主尊の東西南北に配すれば、五尊形式の曼荼羅を容易に構成することができた。また②大楽の法門に説かれる十七の教理命題のうち、主要な五尊を除く十二尊を、他の段の曼荼羅に描かれる五尊に付加すれば、理趣会と同じような十七尊曼荼羅を構成することもできた。『金剛頂経』において完成する五部の観念は、ここに起源を有すると考えられる。

なお『理趣経』系では『理趣広経』にいたるまで、主尊（金剛薩埵）の周囲に如来、金剛、蓮華、摩尼《まに》（宝）の四部を配するのが一般的で、『初会金剛頂経』で五部を構成する羯磨部は未発達であった。これも『理趣経』系が『初会金剛頂経』に先行することを暗示するものと思われる。

5 『理趣広経』とは何か？

つぎに『理趣経』の発展形態である『理趣広経』について、簡単に見ることにしたい。北宋時代に法賢が訳した『最上根本大楽金剛不空三昧大教王経《さいじょうこんぽんだいらくこんごうふくうさんまいだいきょうおうきょう》』（大正二四四）は、『理趣経』の広本とされ、『理趣広経』と通称されてきた。全体は「般若分」（巻三の前半まで）と「真言分」（それ以後）からなり、従来は全体が、『金剛頂経』の第六会に相当すると考えられてきた。

いっぽうチベットでは、「般若分」が *Śrī-paramādya-nāma-mahāyāna-kalpa-rāja*（北京一一九）、「真言分」は *Śrī-paramādya-mantra-kalpa-khaṇḍa-nāma*（北京一二〇）として訳され、『初会金剛頂経』と同じ瑜伽タントラに分類されている。なお現行の「般若分」はリンチェンサンポ（九五八〜一〇五五）、「真言分」はラツェンポ・シワウー Lha btsan po źi ba 'od、すなわち西チベット王ラツンパ・チャンチュプウー（一一世紀前半）の出家した兄弟によるもので、何《いず》れも一一世紀の訳である。

なおチベット仏教ニンマ派では「マハーヨーガ十八大部」（本書第十一章参照）の一つに数えるが、吐蕃《とばん》時代の旧訳の存在は確認されていない。

福田亮成教授は、『理趣広経』の蔵漢両訳の詳細な比較を試みたが、その結果、両者には内容に大きな差違があることが判明した。

福田教授は、チベット訳『理趣広経』「般若分」各章の章題が「大楽金剛不空真実三昧耶 bde ba chen po rdo rje don yod paï dam tshig の大儀軌より」を冠するのに対し、「真言分」ではこれが「大楽金剛秘密 bde ba chen po rdo rje gsaṅ ba の大儀軌王より」になり、さらに「真言分」の後半では「吉祥最勝本初 dpal mchog daṅ po の大儀軌王より」と変化することに注目し、チベット訳『理趣広経』が、成立史的に三つの異なる部分からなることを明らかにした。いっぽう漢訳の『理趣広経』には「大楽金剛秘密」に対応する部分がなく、「般若分」の「大楽金剛不空真実三昧耶」が「真言分」の「吉祥最勝本初」に直接接続することが分かった。

またチベット訳では「般若分」（北京一一九）と「真言分」（北京一二〇）の境界も異なり、『理趣経』の⑱深秘の法門から百字の偈に相当する部分が、「真言分」の冒頭となっている（表2参照）。これに関しては、シワウー訳の「真言分」の奥書に、「大訳経官リンチェンサンポが、この『理趣広経』dpal mchog daṅ po を訳した時、中途で梵本が得られなかったので訳さずにいたが、自分が努力して梵本を求めて得られたので訳した」とあり、リンチェンサンポ訳の原

表２『理趣広経』の漢蔵比較

	章題	大正No.244	北京No.119	『理趣経』
般若分	1. 大三昧金剛真実理儀軌分	786b21	123-4-7	①序説 ②大楽の法門
	2. 一切如来真実理金剛三昧儀軌分	789b21	126-3-5	③証悟の法門
	3. 降伏三界金剛三昧儀軌分	790b5	127-1-6	④降伏の法門
	4. 清浄諸煩悩三昧大儀軌分	791c12	128-2-7	⑤観照の法門
	5. 一切宝灌頂大三昧儀軌分	792b12	129-1-1	⑥富の法門
	6. 一切拳印三昧大儀軌分	792c23	129-3-5	⑦実動の法門
	7. 金剛字輪三昧大儀軌分	793c26	130-2-5	⑧字輪の法門
	8. 一切曼拏羅金剛輪三昧大儀軌分	794b10	130-4-5	⑨入大輪の法門
	9. 衆金剛三昧大儀軌分	794c16	131-1-4	⑩供養の法門
	10. 金剛忿怒三昧大儀軌分	795a26	131-3-5	⑪忿怒の法門
	11. 一切楽三昧大儀軌分	795c16	131-5-8	⑫普集の法門
	12. 外金剛部儀軌分	796a14	132-2-2	⑬有情加持の法門 ⑭諸母天の法門 ⑮三兄弟の訪問 ⑯四姉妹の訪問
	13. 般若波羅蜜多教称讃分	797a29	133-2-4	⑰各具の法門
	(チベット訳「真言分」の冒頭) 14. 金剛手菩薩最上秘密大曼拏羅儀軌分	797b22	北京No.120 133-3-7	⑱深秘の法門
真言分	「真言分」「大楽金剛秘密」	欠	133-5-4	以下対応なし
	「大楽金剛秘密」秘密曼荼羅の冒頭	欠	139-2-5	
	「大楽金剛秘密」続タントラの冒頭	欠	143-3-2	
	「真言分」「吉祥最勝本初」	797c26	146-1-1	
	15. 大楽金剛不空三昧大明印相成就儀軌分	802a10	148-3-3	

	16. 一切如来金剛菩提大儀軌分	804a18	150-1-2	
	17. 大金剛火焔日輪儀軌分	805b18	151-1-1	
	18. 除諸業障一切智金剛儀軌分	807c21	152-3-8	
	19. 円満一切願金剛宝儀軌分	809a17	153-2-7	
	20. 一切儀軌中最上成就儀軌分	810a11	154-1-3	
	21. 一切相応諸仏三昧曼拏羅儀軌分	811b26	155-2-8	
	22. 一切如来大三昧曼拏羅儀軌分	814b5	157-1-7	
	23. 一切相応儀軌分	817a21	159-4-4	
	24. 最上成就印相分	819c5	163-4-1	
		欠	166-5-2	
	25. 最上秘密儀軌分（続タントラ）	821c15	171-3-2	
	結語	欠	172-4-6	

本の末尾が欠けていたことを示唆している。

なお『理趣広経』のうち、『理趣経』に対応するのは「般若分」のみであるため、「真言分」は『金剛頂経』十八会の第六会ではなく、同じ『理趣経』系の第八会『勝初瑜伽』であるとの説が現れた。漢訳の経題「最上根本」は勝初 paramādya に相当し、「大楽金剛不空三昧」mahāsukhavajrāmoghasamaya は、第六会の具名《ぐみょう》に相当するからである。

しかしこのように考えると、第七会『普賢瑜伽』の位置づけが難しくなる。酒井真典博士は、チベット大蔵経所収の『金剛場荘厳タントラ』（北京一二三）を第七会に比定したが、著者は、チベット訳で「般若分」と「真言分」の間に挿入されている「大楽金剛秘密」が、第七会に相当すると考えている。『十八会指帰』では、第八会について「稍《やや》第七会の説より広しといえども、大略同じ」と説いているが、「大楽金剛秘密」と「吉祥最勝本初」を比較すると、内容的には大差ないが、「吉祥最勝本初」（続タントラを除き影印北京版で二〇頁）の方が「大楽金剛秘密」（影印北京版で一三頁）よりも大きくなっているからである。

『理趣広経』「真言分」には「如是我聞」ではじまる通常の序分はないが、「大楽金剛秘密」の冒頭には、「婆伽梵は（中略）大楽金剛薩埵の宮殿 bde ba chen po rdo rje sems dpaï gnas gźal yas khaṅ pa に住していた」とある。いっぽう著者は、ネパールで発見された初期密教経典『三三昧耶《さんさんまや》タントラ』のサンスクリット註に引用される『三昧耶の続タントラ』Samayottara の偈文が、「大楽金剛秘密」の秘密曼荼羅と「吉祥最勝本初」の冒頭に一致することに気づいた。この偈でも、説主である大楽金剛薩埵は大楽宮殿 mahāsukhavimāna に住していたと説いている。

なお『十八会指帰』は、『普賢瑜伽』の説処を普賢菩薩宮殿、『勝初瑜伽』の説処は普賢宮殿としている。『金剛頂経』では、金剛薩埵と普賢菩薩は同躰とされるから、不空はこの偈に基づいて、第七会と第八会の説処を普賢菩薩宮殿としたと思われる。

また『理趣広経』のサンスクリット原典は知られていないが、灌頂《かんじょう》に用いられる偈《げ》の多くが、同経の「真言分」とくに「吉祥最勝本初」から取られたことが分かっている。また最初期の母タントラである『サマーヨーガ・タントラ』（本書第十四章参照）との間に多数の共通偈・類似偈があり、後期密教に多大な影響を及ぼしたことも分かってきた。

6　本章のまとめ

それでは本章の内容をまとめてみよう。

曼荼羅に描かれる尊格には、さまざまな教理概念が当てはめられてきた。曼荼羅が仏教の教理を示し、宇宙の縮図であるといわれるのは、曼荼羅が単なる尊格の集合図ではなく、その構成要素に種々の教理概念が当てはめられているからである。しかし経典に説かれる教理命題と尊格が一対一に対応する曼荼羅は、これまで存在しなかった。

『理趣経』では、本章で見た十七尊曼荼羅以外にも、教理命題と尊格に明確な対応関係が見られる。このような教理命題と尊格の対応は、『理趣経』成立当初からのものではなく、その確立にはかなりの試行錯誤を要した。

そして『理趣経』では、ほとんどの教理命題が四つ、稀には五つにまとめられていた。したがって教理命題を尊格化すると、五尊形式の曼荼羅が容易に構成できた。これが『初会金剛頂経』の五部へ発展したと考えられる。

その後、『理趣経』の系統は『理趣広経』という大部の密教聖典へと発展する。『理趣広経』は、『初会金剛頂経』を介せず後期密教、とくに最初期の母タントラ『サマーヨーガ』へと発展することになる。

さらに『理趣経』末尾の「百字の偈」では、金剛薩埵は衆生救済のために永遠に涅槃に入らないとされるが、そこから後期密教の本初仏《ほんしょぶつ》思想が発展したことも注目に値する。

第九章　『初会金剛頂経』の構成

1　はじめに

金剛界曼荼羅を説く『金剛頂経』は、真言八祖（伝持）の第一祖とされる龍猛《りゅうみょう》（ナーガールジュナ）が南天鉄塔で感得したものといわれる。ただし主として金剛界曼荼羅を説くのは、十八会十万頌の広本のうち初会《しょえ》、つまり最初のテキストで、これを広本を構成する他のテキストと区別して『初会金剛頂経』と呼ぶ。また『一切如来真実摂《しんじつしょう》』（サルヴァタターガタ・タットヴァサングラハ）、『真実摂経』（タットヴァサングラハ）とも呼ばれるが、単に『タットヴァサングラハ』といった場合、シャーンタラクシタによる同名の教義綱要書と混同される恐れがあるので、学界では『初会金剛頂経』と呼ぶのが一般的になっている。

『初会金剛頂経』は中期密教を代表するテキストで、日本の真言・天台密教の所依《しょえ》の経典となったばかりでなく、後のインド密教にも大きな影響を与えた。そこで本章では、『初会金剛頂経』の構成と成立年代、後世に与えた影響について考えてみたい。

2 『初会金剛頂経』の構成

『初会金剛頂経』は、「金剛界《こんごうかい》」「降三世《ごうざんぜ》」「遍調伏《へんちょうぶく》」「一切義成就《いっさいぎじょうじゅ》」の四大品からなり、「金剛界品」には①大曼荼羅②三昧耶《さんまや》曼荼羅③法曼荼羅④羯磨《かつま》曼荼羅の四種曼荼羅と、その省略形態である⑤四印曼荼羅と⑥一印曼荼羅の二種、「降三世品」には①大曼荼羅②三昧耶曼荼羅③法曼荼羅④羯磨曼荼羅⑤四印曼荼羅⑥一印曼荼羅に加え、ヒンドゥー教の神々を中心とする三《さん》世《ぜ》輪《りん》の⑦大曼荼羅⑧三昧耶曼荼羅⑨法曼荼羅⑩羯磨曼荼羅の一〇種、「遍調伏品」「一切義成就品」にも、①大曼荼羅②三昧耶曼荼羅③法曼荼羅④羯磨曼荼羅⑤四印曼荼羅⑥一印曼荼羅の六種が説かれるので、全体では二八種の曼荼羅を説いている。

さらに現行テキストには、これに続タントラと続々タントラが付属している。なお日本の金剛界九会曼荼羅は、「金剛界品」に説かれる六種と、「降三世品」に説かれる最初の二種の曼荼羅、そして前章で見た『理趣経《りしゅきょう》』十七尊曼荼羅（理趣会）の九種を、一つの画面に描いたものである（表1）。

同経のサンスクリット原典は知られていなかったが、ネパールでデーヴァナーガリー文字の写本（トゥッチ本）と、グプタ文字の写本（スネルグローブ本）が発見された。両者は近接した転写関係にあり、トゥッチ本はスネルグローブ本（ケーサル図書館旧蔵）を近代にコピーしたものと見られる。これらに基づき、堀内寛仁教授（トゥッチ本にスネルグローブ本を対校）と山田一止博士（スネルグローブ本に基づく）によって校訂テキストが刊行されている。

3 『初会金剛頂経』の成立年代

『初会金剛頂経』に説かれる曼荼羅の中では、「金剛界品」の冒頭に説かれる金剛界大曼荼羅（成身会《じょうじんえ》）が最も重要である。そのため『初会金剛頂経』をはじめて漢訳した不空《ふくう》は、「金剛界品」の①大曼荼羅を説いた部分のみを『金剛頂一切如来真実摂大乗現証大教王経《こんごうちょういっさいにょらいしんじつしょうだいじょうげんしょうだいきょうおうきょう》』（大正八六五）として訳出した。これに対して全篇の漢訳は、北宋の施護《せご》（?～一〇一七）による『仏説一切如来真実摂大乗現証三昧大教王経』（大正八八二）を待たねばならなかった。なお不空が訳した部分は「金剛界品」の冒頭のみに過ぎないが、そこには序分と五相成身観《ごそうじょうじんかん》などが含まれるので、文献量としては全体の五分の一ほどに相当する。

不空が『初会金剛頂経』を全訳しなかったため、従来の学界では、不空（七〇五～七七四）の時代には四大品を備えた『初会金剛頂経』は、いまだ成立していなかったと考える研究者がいた。しかし不空の『十八会指帰』は、第二会以下については主な内容を略述するに過ぎないのに対して、初会については「金剛界品」以後も詳細に述べている。また不空が訳した『金剛

表１　『初会金剛頂経』の構成と九会曼荼羅

			六種曼荼羅	九会曼荼羅
金剛界品		1. 金剛界大曼拏羅広大儀軌分	大曼荼羅	成身会
		2. 金剛秘密曼拏羅広大儀軌分	三昧耶曼荼羅	三昧耶会
		3. 金剛智法曼拏羅広大儀軌分	法曼荼羅	微細会
		4. 金剛事業曼拏羅広大儀軌分	羯磨曼荼羅	供養会
		5. 現証三昧大儀軌分	四印曼荼羅	四印会
			一印曼荼羅	一印会
降三世品		6. 降三世曼拏羅広大儀軌分	大曼荼羅	降三世会
		7. 忿怒秘密印曼拏羅広大儀軌分	三昧耶曼荼羅	降三世三昧耶会
		8. 金剛部法智三昧曼拏羅広大儀軌分	法曼荼羅	
		9. 金剛部羯磨曼拏羅広大儀軌分	羯磨曼荼羅	
		10. 大金剛部広大儀軌分	四印曼荼羅	
			一印曼荼羅	
	外金剛部	11. 三世輪大曼拏羅広大儀軌分	大曼荼羅	
		12. 一切金剛部金剛曼拏羅広大儀軌分	三昧耶曼荼羅	
		13. 一切金剛部法三昧曼拏羅広大儀軌分	法曼荼羅	
		14. 一切金剛部羯磨曼拏羅広大儀軌分	羯磨曼荼羅	
遍調伏品		15. 調伏一切世間大曼拏羅広大儀軌分	大曼荼羅	
		16. 蓮華秘密印曼拏羅広大儀軌分	三昧耶曼荼羅	
		17. 智曼拏羅広大儀軌分	法曼荼羅	

	18. 大曼拏羅広大儀軌分	羯磨曼荼羅	
		四印曼荼羅	
		一印曼荼羅	
一切義成就品	19. 一切義成就大曼拏羅広大儀軌分	大曼荼羅	
	20. 宝秘密印曼拏羅広大儀軌分	三昧耶曼荼羅	
	21. 智曼拏羅広大儀軌分	法曼荼羅	
	22. 羯磨曼拏羅広大儀軌分	羯磨曼荼羅	
	章題なし	四印曼荼羅	
		一印曼荼羅	
続タントラ	23-25.		
続々タントラ	26. 一切如来真実摂一切儀軌勝上教理分		

頂瑜伽千手千眼《せんじゅせんげん》観《かん》自在《じざい》菩薩《ぼさつ》修行儀《しゅぎょうぎ》軌経《ききょう》』（大正一〇五六）には、不空が訳さなかった「遍調伏品」の百八名讃が引用されている。

また中国に『大日経』系の密教を紹介した善無畏《ぜんむい》（六三七〜七三五）は、金剛界曼荼羅の白描図像「五部心観」を遺しているが、そこには金剛界の①大曼荼羅だけでなく、⑥一印曼荼羅までの六種曼荼羅が描かれ、諸尊の真言が梵字で記されている。高田修博士の研究により、これらの記入梵字は、現行の『初会金剛頂経』（チベット訳）によく一致することが確認された。この事実は、善無畏の来朝（七一六年）の時点で、少なくとも『初会金剛頂経』の「金剛界品」は成立していたことを示唆している。

いっぽう『チベット大蔵経』に収録されるチベット訳は、リンチェンサンポ（九五八～一〇五五）が訳出したものである。ところが敦煌《とんこう》出土チベット語密教文献の中には、『初会金剛頂経』の「金剛界品」だけでなく、「降三世品」や「遍調伏品」に関係するものも含まれている。そこで著者は、吐蕃《とばん》時代に『初会金剛頂経』が知られていたと推定したが、『デンカルマ目録』には、『初会金剛頂経』は収録されていなかった。ところが『パンタンマ目録』の発見によって、吐蕃の末年（九世紀中葉）には『初会金剛頂経』の四大品だけでなく、続タントラ rgyud phyi ma のチベット訳も完成していたことが明らかになった。

さらに次章で見る『不空羂索神変真言経《ふくうけんさくじんぺんしんごんきょう》』の「無垢光神通解脱壇三昧耶像品《むくこうじんづうげだつだんさんまやぞうほん》」には、金剛界五仏の名が説かれている。このことは漢訳者の菩提流志《ぼだいるし》が来朝した六九三年には、『初会金剛頂経』の原初形態が存在していたことを示唆している。

これらの事実によって、『初会金剛頂経』の成立年代は、従来の説より半世紀ほど早い、七世紀後半まで上げられることになった。

4　『初会金剛頂経』の成仏論

『初会金剛頂経』は、密教の教主毘盧遮那仏《びるしゃなぶつ》が、色究竟天《しきくきょうてん》において眷属の菩薩たちに囲まれている場面で開幕する。冒頭の記述は、『理趣経』のそれと驚くほど似ている。しかし経典の説処は、欲界の最高処である他化自在天《たけじざい》から色界の最高処にある色究竟天に変更されている。なお色究竟天は、パーラ朝時代に確立する後期大乗の教学では、如来の三身のうち報身《ほうじん》の住処とされるようになった。

ところが舞台は、すぐに歴史的ブッダ=釈迦牟尼《しゃかむに》の「悟り」の原点とも言うべきブッダガヤの菩提道場、つまり金剛宝座へと転換する。そこでは一切義成就菩薩、つまり悟りを開く前のブッダがアースパーナカ・サマーディに入っていた。アースパーナカ・サマーディとは、呼吸を制御することにより意識の働きが完全に停止し、仮死状態になる禅定《ぜんじょう》といわれる。

しかしアースパーナカ・サマーディに入った一切義成就菩薩の前には、一切如来が報身を現出させて、つぎのように語った。

「善男子よ。一切如来の真実を知らずして、一切の苦行を忍んでいる汝に、どうして無上の悟りが開けようか?」

そこで一切義成就菩薩は、アースパーナカ・サマーディから立って、一切如来を礼拝し、どのように修行したらよいかを質問した。

そこで一切如来は、「オーン・チッタプラティヴェーダン・カローミ」（オーン我は心を洞察する）という真言とともに、自らの心を観察することを教えた。

するとと一切義成就菩薩の心には、月輪《がちりん》のようなものが出現した（①通達《つうだつ》菩提心）。

そこで一切如来は、「オーン・ボーディチッタム・ウトパドヤーミ」（オーン我は菩提心を発す）という真言とともに、自性清浄な心を増大させることを教えた。すると月輪のようなものは、まさに月輪そのものとなった（②修菩提心）。

そこで一切如来は、「オーン・ティシュタ・ヴァジュラ」（オーン金剛よ。立て！）という真言とともに、月輪上に金剛杵《こんごうしょ》を観想し、「普く吉祥なる発心」（普賢菩提心）を堅固にすることを教えた。

すると月輪の上には、金剛杵が出現した（③成《じょう》金剛心）。

そこで一切如来は、「オーン・ヴァジュラートマコーハム」（オーン我は金剛を自性とする者なり）という真言とともに、普賢菩提心を象徴する金剛杵を堅固にすることを教えた。すると宇宙に遍満する一切如来が一切義成就菩薩の心月輪上の金剛杵に入り、菩薩に灌頂を授けた（④証金剛身）。

さらに一切如来は、「オーン・ヤター・サルヴァタタータガタス・タターハム」（オーン一切如来があるが如く、我もあり）という真言とともに、自身を三十二相八十種好を完具した、如来の姿として観想することを教えた。

すると宇宙に遍満する一切如来が、一切義成就菩薩の心月輪上の金剛杵に入り、菩薩を加持した。これによって一切義成就菩薩は、成仏することができた（⑤仏身円満）。

このような①通達菩提心②修菩提心③成金剛心④証金剛身⑤仏身円満という五段階からなる月輪と金剛杵の観想を中心としたヨーガは、「五相成身観《ごそうじょうじんかん》」、すなわち《五段階からなる成仏の階梯》（パンチャーカーラ・アビサンボーディ）と呼ばれるようになった。

紀元前五世紀頃にブッダが開いた仏教は、ブッダ本来の教えに含まれていなかった要素を取り入れて、複雑に発展してきた。しかしインドの仏教者たちは、自らの宗教がブッダの教えであることを信じて疑わず、ブッダがどのようにして悟りを開いたのかを、それぞれの方法で解明しようとつとめてきた。そして「五相成身観」は、この仏教最大の問題を密教の立場から解明したものといえる。

そして「五相成身観」の①通達菩提心が、『大日経』の「如実知自心《にょじっちじしん》」を承けるものであることは、すでに指摘されている。また①通達菩提心で現れた「月輪のようなもの」と、②修菩提心で現れる「月輪そのもの」は、やがて白い月輪（男性原理）と赤い日輪（女性原理）に変化し、両者の融合によって三十二相八十種好を備えた仏身が完成するという後期密教の成仏論が成立する。これはまさに『初会金剛頂経』の「五相成身観」を、さらに発展させたものといえる。

5　先行する初中期密教の要素の体系化

『初会金剛頂経』は、仏教の尊格群が膨張に膨張を重ね、巨大なパンテオンが形成された後に出現した。これらの尊格を整理統合し、一つの体系にまとめあげるシステムが必要となったのである。

さらに『初会金剛頂経』は、金剛界三十七尊には含まれない尊格も、五部の互相渉入に基づいて、統一的な体系に組み込もうとした。

一例を挙げると、金剛界三十七尊を、すべて三昧耶形《さんまやぎょう》で描く三昧耶曼荼羅では、三十七尊の三昧耶形に、すべて女神の名が与えられている。十六大菩薩の金剛光はRatnolkā（宝炬）、金剛幢《どう》はDhvajāgrakeyūrā（幢頂釧）、金剛因はSahasravartā（千転）となるが、これらはみなインドで信仰されていた有名な陀羅尼《だらに》と、それを尊格化した女神たちである。このように『初会金剛頂経』は、初期密教から存在した陀羅尼信仰を金剛界三十七尊の体系に組み込んだのである。

また『初会金剛頂経』「降三世品」では、金剛薩埵が降三世明王《みょうおう》に変身してヒンドゥー教の最高神大自在天《だいじざいてん》を調伏するが、それと同時に三十七尊もすべて忿怒《ふんぬ》形に変身する。これを図示

写真１　降三世大曼荼羅（森一司氏撮影、『ラダック・ザンスカールの仏教壁画』図版 180、渡辺出版）

したものが、降三世大曼荼羅である。この曼荼羅では、十六大菩薩の金剛光は金剛日 Vajrasūrya、金剛笑は大笑明王 Aṭṭahāsakrodha、金剛牙《げ》は金剛夜叉明王 Vajrayakṣakrodha となる。これによって『初会金剛頂経』は、初期密教から発展してきた忿怒尊（明王）も、金剛界三十七尊の体系に組み込んだのである（写真1）。

さらに『初会金剛頂経』「遍調伏品」所説の遍調伏大曼荼羅では、十六大菩薩の金剛笑が十一面観音 Padmāṭṭahāsaikadaśamukha、四摂《ししょう》菩薩の金剛鉤《こう》が馬頭《ばとう》観音 Hayagrīva、金剛索《さく》が不空羂索観音 Amoghapadma-

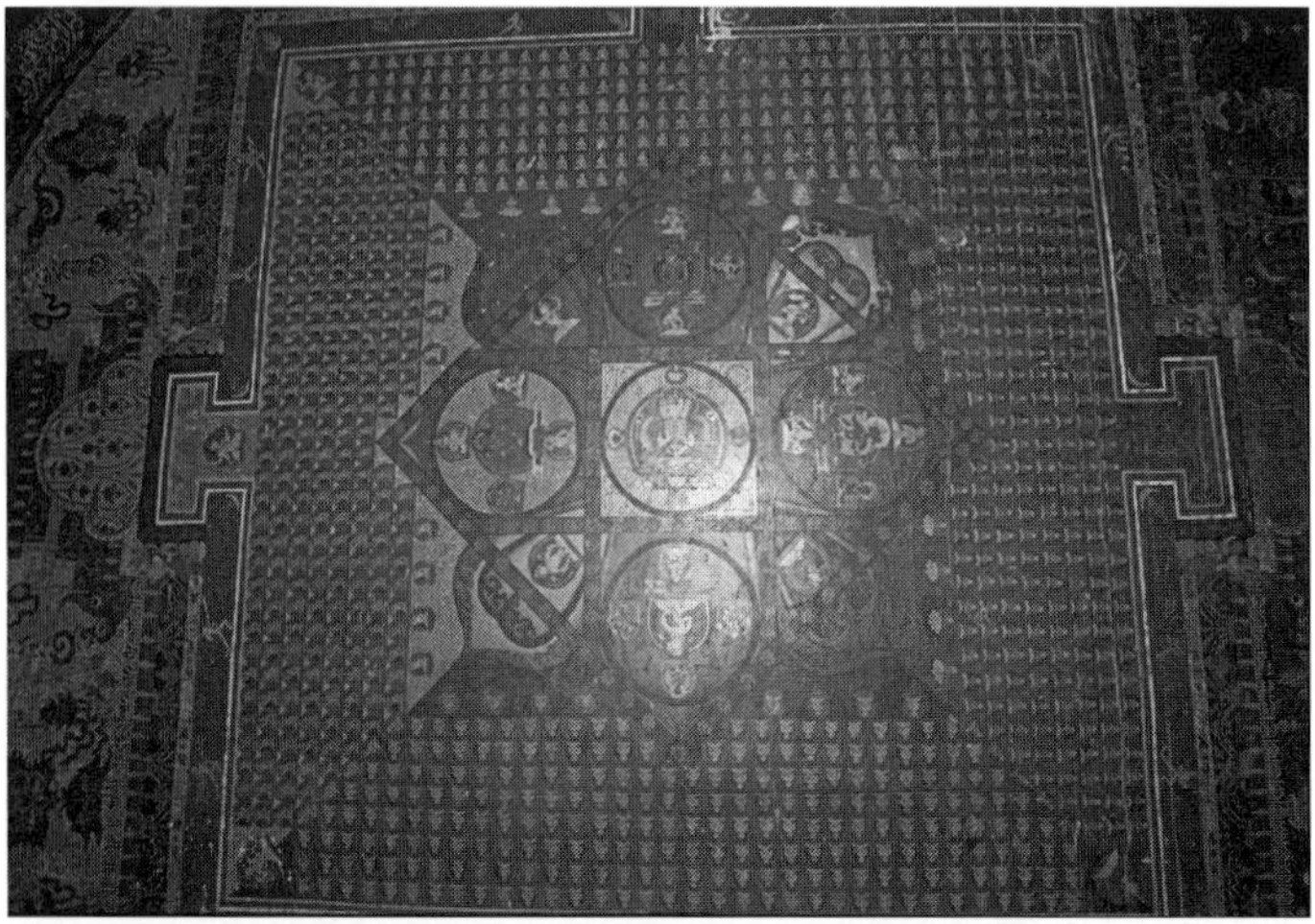

写真２　遍調伏大曼荼羅（ペンコルチューデ）

pāśakrodhaというように、金剛界三十七尊が変化観音に変身する（写真2）。

なお初期密教経典『不空羂索神変真言経』は蓮華部に属する多数の尊格の印を説くが、このうちのいくつかが『初会金剛頂経』「遍調伏品」に取り入れられたことも分かった。これによって初期密教以来、発展を続けてきた印も、金剛界三十七尊の体系によって整理されたのである。

このように『初会金剛頂経』は、密教の発展とともに厖大な数に膨れ上がった尊格や印・真言・陀羅尼を三十七尊の体系を用いて整理した。これにより、五部の互相渉入によって密教の全体系を整理するシステムが完成したのである。

『初会金剛頂経』は『一切如来真実摂』、つまり「一切の如来の真実を集めたもの」と称するが、これは同経の編集者が、これまでの初中期密教の要素を総て集め、これらを体系的に整理する「エンサイクロペディア・エソテリカ・ブッディカ」のようなものを目指していたことを示している。

インドでは八世紀後半から、『金剛頂経』系の密教が発展し、瑜伽タントラと呼ばれる一連の聖典群が成立する。そしてその中から、チベットで無上瑜伽タントラと呼ばれる、後期密教が現れるのである。これに対して従来の三部立ての初中期密教は、九世紀以後、インドではしだいに行われれなくなった。

6　本章のまとめ

それでは本章の内容をまとめてみよう。

『初会金剛頂経』は、「金剛界」「降三世」「遍調伏」「一切義成就」の四大品からなり、全体では二八種の曼荼羅を説く。その成立は八世紀前半と考えられていたが、最近の研究では七世紀後半まで上げられることが分かった。

『初会金剛頂経』の冒頭に説かれる「五相成身観」は、密教の立場から見た成仏論として、『金剛頂経』系の瑜伽タントラだけでなく、後期密教にまで影響を与えた。

金剛界曼荼羅は、五部の互相渉入により、初中期密教までに厖大に膨れ上がった仏教の尊格を整理するとともに、印や真言、陀羅尼などの先行する密教の諸要素を、一つの体系にまとめあげた。『初会金剛頂経』が『一切如来真実摂』と呼ばれるのは、そのためと思われる。

五部立てによる『初会金剛頂経』のシステムは、従来の三部立ての初中期密教に比して優れていたため、インドでは九世紀以後、『初会金剛頂経』の系統が発展して、後期密教の時代に入る。

第十章　南天鉄塔の謎を解く

1　はじめに

本書第七章で見たように、金剛界曼荼羅を説く『金剛頂経』は、真言八祖（伝持）の第一祖とされる龍猛《りゅうみょう》（ナーガールジュナ）が南天鉄塔で感得したものといわれる。

南天鉄塔とは、南天竺にあった鉄製の仏塔を意味する。伝承によれば、ここで龍猛は『金剛頂経』の十八会十万頌の広本を発見したが、鉄塔を守る護法神が怒って経典を持ち出すことを許さなかった。そこで十万頌のテキストをすべて記憶し、これを伝えたとされている。

『金剛頂経』は、七世紀後半に出現した、五部立ての組織をもつ従来にない密教聖典の総称と見ることができる。そしてその思想を端的に表現したものこそ、金剛界曼荼羅に他ならない。七世紀の後半、『金剛頂経』系の聖典群がインドに現れたとき、多くの人々に驚きをもって迎えられたことは想像に難くない。そして今までにない体系をもつ密教には、何らかの権威づけが必要だったのであろう。

この南天鉄塔については、真言宗の宗門内でも種々の意見があった。高野山の密教学を近代化した栂尾祥雲は『秘密仏教史』において、南天鉄塔のモデルは南インドのクリシュナ河流域にあるアマラーヴァティー大塔であるとの説を唱えた。アマラーヴァティー大塔は、アンドラプラデシ州グントゥール県に遺された基壇直径が四九メートルに及ぶ巨大な仏塔の遺構である。数次にわたる発掘により、基壇と覆鉢を覆っていた石板レリーフが出土し、その中には、ありし日の仏塔の姿を描いたレリーフが、複数含まれていた。それを見ると、アマラーヴァティーの大塔には、北インドの仏塔に見られるトーラナがなく、その代わりに仏塔の東西南北に、アーヤカ柱と呼ばれる五本の柱が立てられていたことが分かる。

このようにアマラーヴァティー大塔は、密教の時代をはるかに遡るアショーカ王時代に創建され、その四方には四仏を安置していない。したがってアマラーヴァティー大塔が、当初から曼荼羅的な構造をもっていたとは考えられない。

そのような古代の仏塔が、どうして『金剛頂経』感得の聖地とされたのだろうか？　本章では、これまでの考察を踏まえて、本書第七章で提起した「南天鉄塔の謎」を解明してみたい。

2　金剛界五仏の成立

本書第四章で見たように、鎮護国家の経典として名高い『金光明経《こんこうみょうきょう》』には、東方阿閦《あしゅく》、南方宝幢《ほうどう》（宝相）、西方阿弥陀《あみだ》、北方微妙声《みみょうしょう》（鼓音《くおん》）の四仏が説かれた。これに『華厳経《けごん》』に説かれた宇宙的な仏、毘盧遮那仏《びるしゃな》（大日如来）を中尊に迎えて胎蔵、金剛界の五仏が成立したが、胎蔵と金剛界では、四仏の尊名と方位配当に大きな違いがあった。

胎蔵曼荼羅では、『文殊師利根本儀軌経《もんじゅしりこんぽんぎききょう》』から開敷華王《かいふけおう》が割り込んだため、金光明経四仏の方位にズレが生じてしまったが、金剛界曼荼羅では、阿閦は東方、阿弥陀は西方に配され、南方宝幢は宝生《ほうしょう》と尊名が変更されたが、やはり宝（ラトナ）ではじまる尊名の仏が南方に配されている。つまり金光明経四仏からの発展という点では、後から成立した『初会金剛頂経』の方が、より『金光明経』を忠実に継承しているといえる。

なお金剛界曼荼羅では、北方仏のみ、尊名が鼓音から不空成就に変更されている。この不空成就については、ながらくその起源が分からなかったが、最近になって初期密教経典『不空羂索神変真言経《ふくうけんさくじんぺんしんごん》』の「無垢光神通解脱壇三昧耶像品《むくこうじんづうげだつだんさんまやぞうほん》」に、東方阿閦、南方宝生、西方観自在王、北方不空成就と、金剛界の四仏とほぼ同じ尊名の仏が説かれることが分かった。なお西方が観自在王となっているのは、この曼荼羅では中央に釈迦と阿弥陀が並んで描かれるため、重複を避けたものと思われる。なお梵本とチベット訳の「無垢光神通解脱壇三昧耶像品」には四仏は説かれず、曼荼羅の五方に、蓮華部（中央）、如来部（南）、金剛部（北）、摩尼部《まに》（西）、大象部（東）の諸尊を配すると説かれるのみである。

いっぽう同経の「広大解脱曼拏羅品《こうだいげだつまんだらほん》」（菩提流志《ぼだいるし》訳）では、釈迦牟尼を中尊として東方阿閦、南方宝生、西方阿弥陀、北方世間王の四仏が配されている。ところが梵本とチベット訳の「広大解脱曼拏羅品」では、釈迦、阿弥陀、世間王（ローケーンドララージャ）の三尊しか説かれていない。したがって漢訳の四仏は、菩提流志が他の資料から補った可能性が高いが、彼の時代に金剛界五仏がすでに成立していたことを示唆している。

初期密教の三部から『金剛頂経』の五部への発展について、頼富本宏教授は『不空羂索神変真言経』等の初期密教経典の分析から、仏部・蓮華部・金剛部の三部に、財宝神のグループである摩尼種族が加わり、さらに大象種族あるいは香象種族が加わって五部になったと考えた。菩提流志が、初期密教の三部に摩尼部と大象部を加えた五部を金剛界の五部と同一視し、金剛界の四仏を導入した可能性が考えられるが、五部の方位配当が、従来の三部つまり仏部（中央）、蓮華部（北）、金剛部（南）と、『金剛頂経』系の五部つまり如来部（中央）、金剛部（東）、宝部（南）、蓮華部（西）、羯磨部（北）の何《いず》れとも一致しない点に問題が残る。

いっぽう初期密教経典『三三昧耶《さんさんまや》タントラ』の曼荼羅にも、北方の外院の中心に不空成就《ふくうじょうじゅ》如来が描かれることが判明した。なお第四章で見たように、『三三昧耶タントラ』は『大日経』の先行経典とされるもので、ここには他の方位の仏は説かれていない（第四章図2参照）。したがって不空成就如来は『三三昧耶タントラ』を初出とし、『不空羂索神変真言経』経由、あるいは直接に『初会金剛頂経』に取り入れられたと思われる（図1参照）。

3　曼荼羅と仏塔

つぎに南天鉄塔伝説を解明するため、まずは仏塔と曼荼羅の関係について、簡単に見てゆくことにしたい。

仏塔はブッダの遺骨である舎利《しゃり》を納めたり、ブッダの生涯に起きた重要な出来事を記念するモニュメントであった。ところがインドでは五～六世紀頃から、土饅頭形の塔身の四方に四仏を配する仏塔が現れる。グプタ朝時代にサーンチーの大塔に安置された四仏は、四体ともに禅《ぜん》定《じょう》印《いん》を結び、それぞれの仏に個性が見られない（図2）。

これに対して、サーンチーの北東四八キロほどのところにあるギャラスプル仏塔の四仏（現在は仏塔から取り外され、収蔵庫に収納）は、それぞれが異なる印を結び、特定の他土仏を意識して造られたことを暗示している。

我が国でも密教伝来以前の奈良時代には、仏塔初層の須弥壇《しゅみだん》に四方四仏を安置する慣行があった。西大寺の塔本四仏（重要文化財）は、かつて西大寺の東塔に安置されていた四方四仏と考えられる。『西大寺大観』は、その尊名を東方阿閦、南方宝生、西方阿弥陀、北方釈迦とし

図１

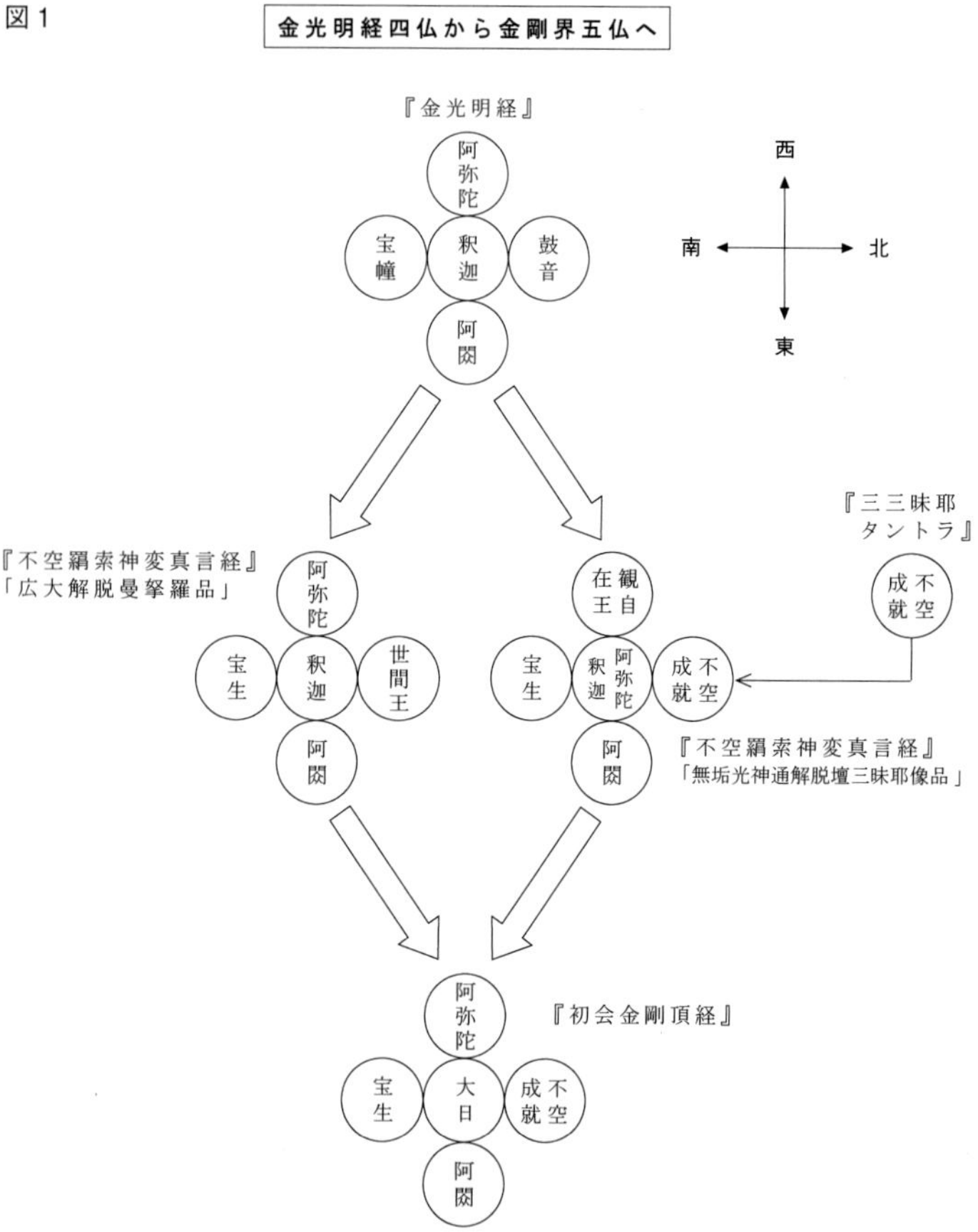
金光明経四仏から金剛界五仏へ
『金光明経』
阿弥陀
宝幢
釈迦
鼓音
阿閦
西
南
北
東
『不空羂索神変真言経』
「広大解脱曼拏羅品」
阿弥陀
宝生
釈迦
世間王
阿閦
在王
観自
宝生
釈迦
阿弥陀
成就
不空
阿閦
『三三昧耶タントラ』
成就
不空
『不空羂索神変真言経』
「無垢光神通解脱壇三昧耶像品」
阿弥陀
『初会金剛頂経』
宝生
大日
成就
不空
阿閦

図2　　サーンチー大塔の四方四仏

北方仏

東方仏

西方仏

南方仏

ているが、この比定には疑問がある。

いっぽう中国に目を転じると、隋の大業七（六一一）年創建とされる山東省東神通寺四門塔が、塔内の方形柱の四面に四仏を安置しているのが注目される。二〇〇六年の著者による調査では、この四仏には文物管理処により、東方阿閦・南方保生（宝生の誤）・西方阿弥陀・北方微妙声と、『金光明経』にほぼ準拠した尊名が与えられていたが、銘文などによって確認されたものではない（図3）。しかし内藤藤一郎は、当時の中国における経典の流布状況から、四門塔の四仏は『金光明経』による造像と推定した。

このような中国・日本の塔本四仏のプロトタイプは、サーンチーやギャラスプルに見られた、それぞれの尊名と印相が確定する以前の仏塔四仏に求められる。

そして本書第五章で見たウダヤギリ大塔は、北面に胎蔵大日如来を安置し、東・南・西の三面に、それぞれ対応する方位の仏を安置する曼荼羅的な構造をもっていた。このように四面に四方四仏を安置する仏塔は、パーラ朝時代の東インドを中心に多数の作例を遺しているが、小規模な奉献小塔が多い。

パーラ朝時代のヴィクラマシーラやソーマプラでは、僧院の中央に聳える大塔の四面に仏像を安置した仏龕《ぶつがん》の痕跡があるが、仏像は完全に破壊されているので、四方四仏を祀っていたのかが確認できない。最近になってビハール州のケーサリヤ仏塔が、インドネシアのボロブドゥ

図３　　東神通寺四門塔の四方四仏

北方仏

東方仏

西方仏

南方仏

ール遺跡のプロトタイプとして注目されているが、ケーサリヤでは仏塔の同一面に触地印《そくじいん》如来（阿閦）と禅定印如来（阿弥陀）が混在しているので、現在のところ四方四仏を祀る大規模な仏塔の例とは見られない。

これに対してネパールのカトマンズ盆地には、曼荼羅的な構造をもつスヴァヤンブーナートの仏塔が聳《そび》えている（図4）。この仏塔は、塔身の四方に阿閦・宝生・阿弥陀・不空成就の四仏を安置している。また通常は仏塔全体で象徴される毘盧遮那仏（大日）は、東の阿閦如来の仏龕の隣に祀られている。そしてネパールでは、このようなスヴァヤンブーナート仏塔の構造を、そのまま曼荼羅にした作品も制作されている。

4　ジャジプルの四仏

そしてインドでも、このような曼荼羅と仏塔の完全なる融合の例が、オリッサのジャジプルに見られる。

オリッサの州都ブヴァネーシュヴァルの北東八〇キロにあるジャジプル（本書第五章参照）は、現在はヒンドゥー教の聖地を擁する地方都市に過ぎないが、かつては、善無畏《ぜんむい》ゆかりのバウマカラ王朝の都として栄えたところである。そして英国の植民地時代、入植した英国人が居住するために開発されたコンパウンドと呼ばれる街の一角に、金剛界曼荼羅の成立を考える上で、きわめて重要な影像が遺されている。

この作品は高さ六〇センチ、幅四〇センチほどの阿閦如来と阿弥陀如来の坐像で、かつてはラトナギリの仏塔の四方に安置されていたものといわれる。なおそのサイズは、崩壊したラトナギリ大塔の四方四仏としては小さすぎる。しかしラトナギリからは、これとよく似た阿閦、阿弥陀如来像が発見されているので、ジャジプルの四仏が、ラトナギリのどこかの仏塔に安置されていたことは確かである。

図4　スヴァヤンブーナート仏塔

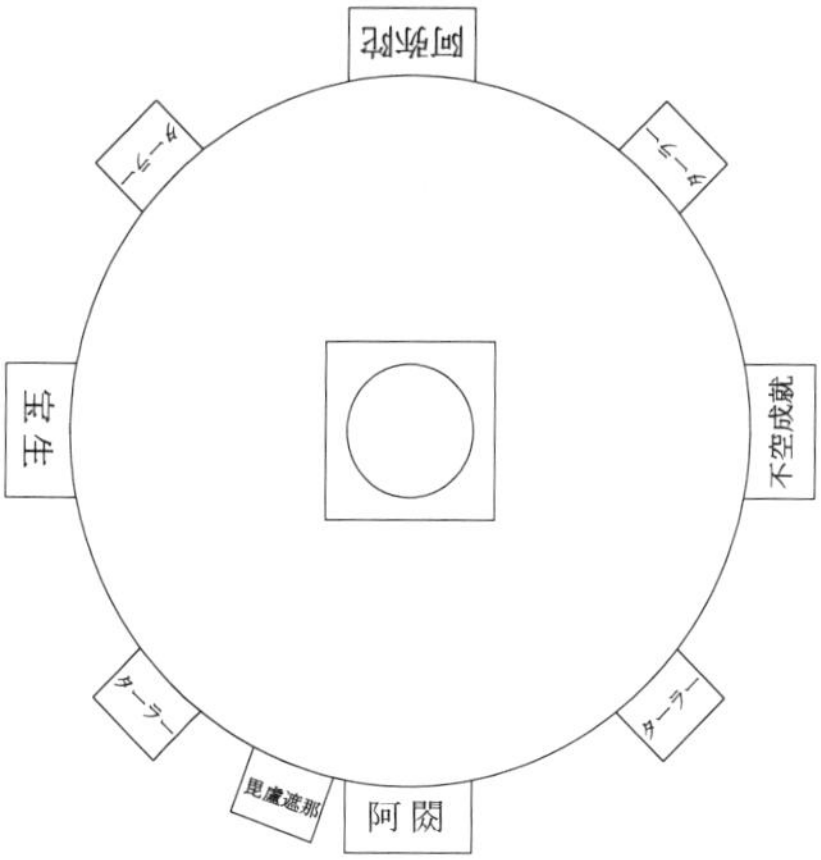

金剛界系の仏像は、ウダヤギリの金剛界大日如来（本書第五章参照）のように、台座と光背の四隅に眷属尊を配した五尊形式をとることが多い。

これに対してジャジプルの四仏は、光背の上部に左右二尊ずつ、四尊の眷属を刻出している。そして一九九二年の種智院大学の調査によって、四仏の光背に刻出された眷属尊が、金剛界曼荼羅の十六大菩薩（現状では八尊）であることが判明した。

金剛界曼荼羅では、十六大菩薩が四仏の周囲に四尊ずつ配される。これらの四菩薩は、部主の如来の「四親近《ししんごん》」と呼ばれるが、ジャジプルの四仏は、光背の上部に、それぞれの四親近菩薩を刻出していたのである（図５・図６）。

著者が二〇〇三年一〇月にジャジプルを訪れたとき、コンパウンドには新たな収蔵庫が建てられ、阿閦、阿弥陀の二体は、そこに納められていた。宝生、不空成就の二体は、いまだ発見されていないが、ラトナギリ遺跡下のヒンドゥー祠堂の脇には、光背に四親近を伴った宝生如来が遺されている。これはサイズが大きく、ジャジプルの二体と一具ではないが、ラトナギリでは、仏塔に四親近を伴う四仏を祀る慣行があったことを、裏づける遺品といえる。

このようにジャジプルの四仏がラトナギリの仏塔の四方を飾っていたとするなら、その仏塔はまさに、金剛界曼荼羅と同じ構造をもっていたことになる。そして四方に四親近を伴う四仏を安置した仏塔は、金剛界大日如来を象徴するものとしてふさわしい。

図5

ジャジプルの四仏(阿閦)

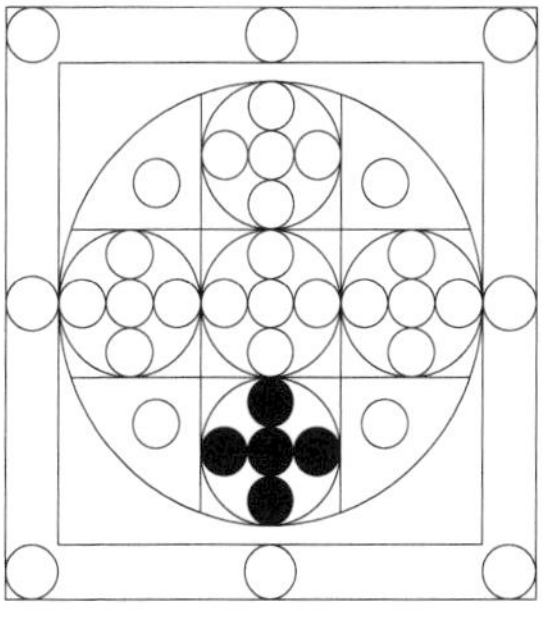

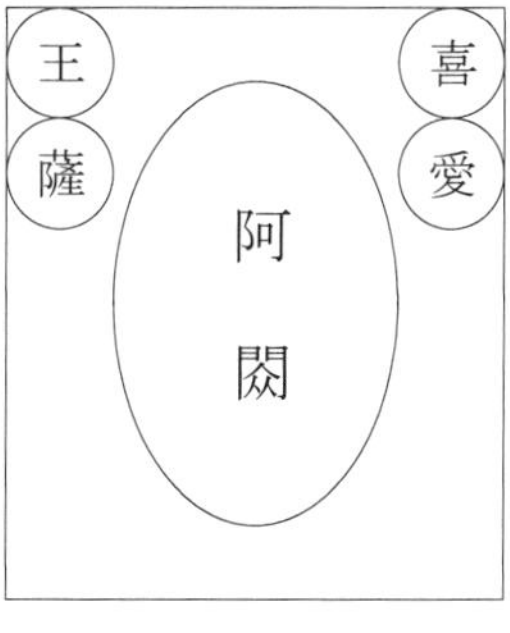

図６

ジャジプルの四仏（阿弥陀）

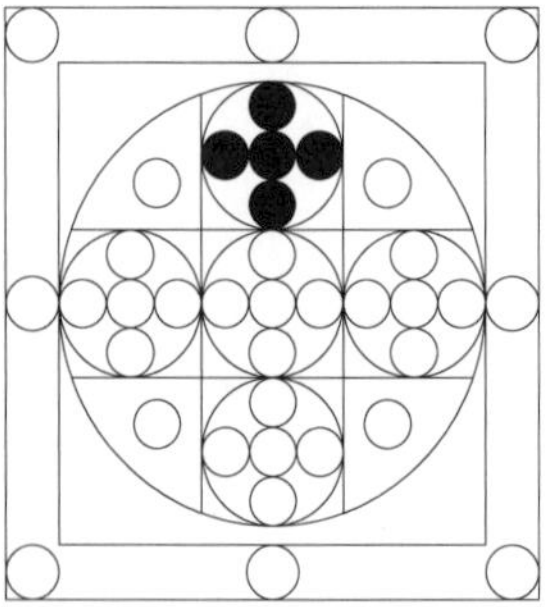

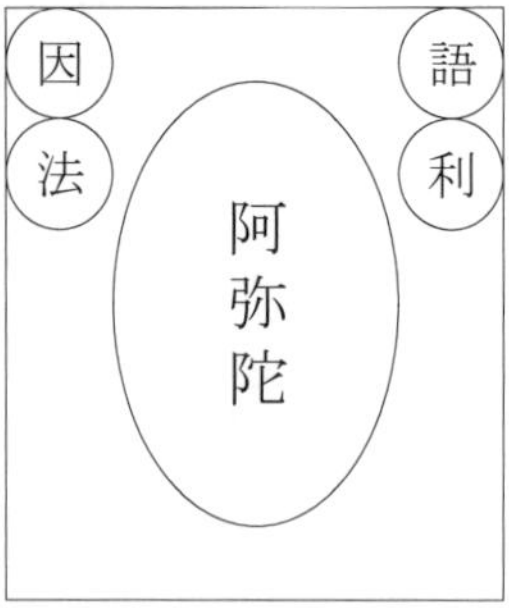

ジャジプルの四仏が安置されていた仏塔は、サーンチー大塔の四方に四体の仏像が安置されて以来、インドでしだいに発展してきた曼荼羅的な構造をもつ仏塔の、最終的な到達点といえる。そしてその構造は、高野山の根本大塔をはじめとする、五仏を安置する日本の多宝塔のルーツともなったのである。

5　南天鉄塔の謎を解く

栂尾祥雲が南天鉄塔に比定したアマラーヴァティー大塔は、アショーカ王時代に遡りうる仏塔で、現在の規模となったのは、八宗の祖とされる龍樹（ナーガールジュナ）が活躍した二～三世紀頃とされている。

したがってアマラーヴァティー大塔が、当初から曼荼羅的なプランで構想されたとは考えられない。しかしこの大塔は、基壇の四方に長方形の張り出しを設け、アーヤカと呼ばれる五本の柱を立てていた。アーヤカ柱の意味については、いまだ定説がないが、頂飾のついた中央の柱を四仏に、その左右二本ずつ四本の柱を四親近《しんごん》に見立てれば、アマラーヴァティー大塔の構造を、金剛界曼荼羅のように解釈することもできる（図7）。

なお『時輪《じりん》タントラ』（本書第十五章参照）の灌頂を解説したナーローパの『灌頂略説注《かんじょうりゃくせつちゅう》解《げ》』*Sekoddeśaṭīkā* は、『時輪』の説処とされるダーニヤカタカ（アマラーヴァティー）につい

図7　　金剛界曼荼羅と仏塔

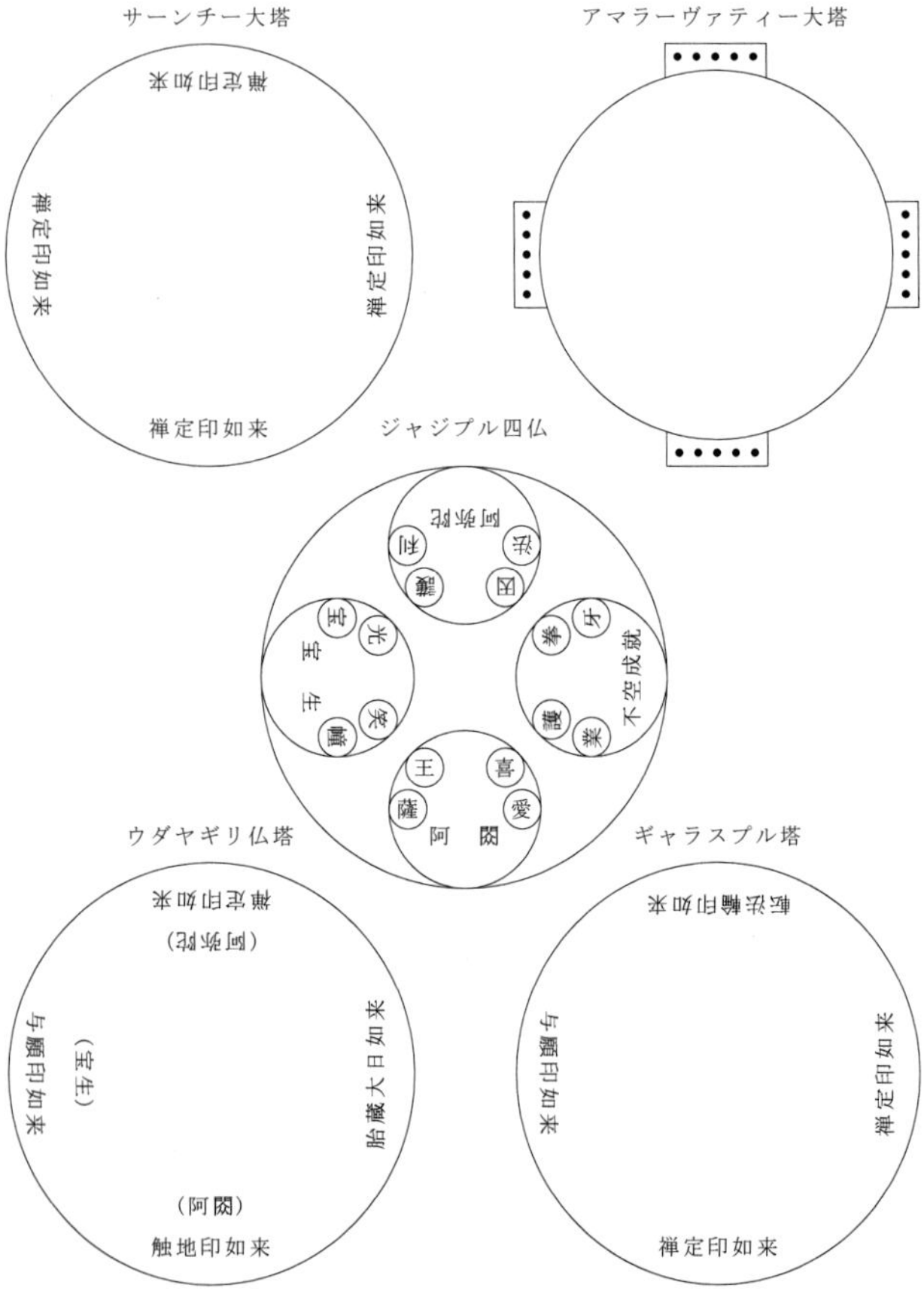

て「婆伽梵《ばがぼん》は、永遠の真言乗の説処であり、大楽の住処であり、金剛界大曼荼羅である吉祥なるダーニヤ（カタカ）の金剛なる獅子座に住されていた」と説明している。

さらに『灌頂略説注解』と時輪系の『文殊師利真実名経《もんじゅしりしんじつみょう》』の註釈『アムリタカルニカー』は、『時輪』の根本タントラとされる『吉祥最勝本初仏《きっしょうさいしょうほんしょぶつ》』の「教主（釈迦牟尼）が霊鷲山《りょうじゅせん》で般若波羅蜜の理趣を説かれたように、真言理趣においては吉祥なるダーニヤ（カタカ）において法の説示があった。（中略）大いなる岩山、霊鷲山にて、諸々の菩薩に無上なる大乗の般若波羅蜜の理趣を説きつつ、如来は法界の曼荼羅である、ある大塔廟《だいとうみょう》に諸々の菩薩たちと住されていた」という一節を引用している。これはダーニヤカタカ、つまりアマラーヴァティー大塔が密教の道場であり、その構造を、金剛界曼荼羅とパラレルに解釈することが、中世インドで行われていたことの証左であると考えられる。

そしてアマラーヴァティー近くのジャッガヤペータから出土した仏像の銘文によれば、二〜三世紀に活躍したナーガールジュナの後にも、南インドにナーガールジュナを名乗る人物がいたことが確認できる。

もし後世のナーガールジュナの一人が、四方に五本のアーヤカ柱を立てるアマラーヴァティー大塔の構造から、金剛界曼荼羅の五元論の体系を着想したとするなら、南天鉄塔の伝承を、合理的に解釈できるのではないだろうか。なお南インドのナーガールジュナ・コンダやジャッガヤペータにも、五本のアーヤカ柱をもつ仏塔があった。したがって南天鉄塔のモデルは、必ずしもアマラーヴァティーに限定されない。しかし密教の時代まで存続したという点で、アマラーヴァティー大塔が、もっとも南天鉄塔のモデルにふさわしいと思われる。

6 これまでのまとめ

本章は、『金剛頂経』系密教全体の締めくくりとなっている。そこで第七章からの各章の内容をまとめてみたい。

金剛界曼荼羅は、従来にない五部立ての組織を採用した新しい曼荼羅で、これによって上下左右完全対称の曼荼羅が、容易に構成できるようになった。金剛界曼荼羅の五部は、従来の仏・蓮華・金剛の三部に、宝部と羯磨部を加えたものである。

第八章で見たように、五部立ての『初会金剛頂経』の先駆者として、『理趣経』を挙げることができる。

『金剛頂経』が発見された南天鉄塔のモデル＝アマラーヴァティー大塔は、密教の時代に入ると仏塔四仏が安置される塔身の四方に五本のアーヤカ柱を立てていた。そこで中央の柱を四仏、脇の四本を四親近に見立てれば、アマラーヴァティー大塔の構造を金剛界曼荼羅のように解釈できる。これが、南天鉄塔伝説の起源になったと思われる。

金剛界曼荼羅のシステムは、従来の三部立ての曼荼羅に比して優れていたため、インドでは九世紀以後、金剛界曼荼羅の系統が発展して、後期密教の時代に入る。

インド密教の歴史上から見ると、三部立ての初期密教と『大日経』は、古いタイプの密教経典、五部立ての『初会金剛頂経』以後の中期密教・後期密教聖典は、新しいタイプの密教聖典と見ることができる。

第十一章　敦煌密教とチベット仏教ニンマ派

1　著者と敦煌密教

一九〇〇年に敦煌莫高窟《とんこうばっこうくつ》の蔵経洞から厖大な文献と絵画類が発見されてから、一二〇年が経過しようとしている。発見された資料は東洋学の各分野に新知見をもたらし、「敦煌学」と呼ばれる一分野が形成された。我が国でも敦煌学は、一九六〇年代から八〇年代にかけて隆盛を迎えた。しかし現在、少なくとも我々が関わる仏教学に関しては、敦煌研究は一段落した観がある。

とくに漢文仏典に関しては、カタログの刊行や画像データベースの公開により、研究はすでに成熟の域に達したといってよい。いっぽう仏教美術に関しては、講談社から『西域美術』シリーズが刊行され、スタイン・ペリオ両コレクションの全容が、我が国にも広く知られるようになった。

著者が敦煌出土のチベット語仏教文献に関わるようになったのは、当時東京大学でチベット語を講じていた山口瑞鳳教授の下で、『スタイン蒐集チベット語文献解題目録』（東洋文庫）を編集するようになったからである。当初は全くの手探りであったが、やがて貴重な密教文献が数多く含まれていることに気づいた。いっぽう美術に関しては、秋山光和教授を中心に、講談社の『西域美術』ギメ美術館ペリオコレクション篇の編集が進められており、著者もいくつかの項目を担当することになった。

そこで二〇〇〇年に、これまでの研究成果をまとめ、法藏館から『敦煌　密教と美術』を刊行することになった。しかし同書は、我が国ではほとんど注目されず、忘れ去られたも同然になっていた。ところが同書に収録した「寂静《じゃくじょう》四十二尊」「蓮華部八尊曼荼羅」「胎蔵大日八大菩薩」の三編の論文が敦煌研究院の劉永増研究員によって中国語訳され、二〇〇二年から二〇一〇年にかけて『敦煌研究』に収録された。さらに二〇〇七年にイェール大学で開催された国際学会、Esoteric Buddhist Tradition in East Asia: Text, Ritual and Image に参加し、敦煌研究院の王恵民氏らと名刺を交換したところ、敦煌研究院では研究員の間で、拙著が評判になっていることを知った。

そこで二〇一九年九月に、劉永増氏とともに四川大学蔵学研究所の霍巍教授を訪ね、同著を大幅に増補改訂したうえ、中国語版を刊行することになった。残念ながら新型コロナウィルスの感染拡大により、中国語版の刊行も大幅に遅れていたが、二〇二一年には全篇の翻訳が完成し、二〇二二年には著者による中国語訳の校閲も完了した。

現在は欧米や日本の敦煌学者も、みな中国語の論文が読めるようになっている。もし拙著の中国語版が刊行されれば、著者の敦煌密教研究が世界に知られるようになるので、大いに期待している。

そこで本章では、増補改訂した著書の内容を踏まえ、敦煌出土の密教文献と美術品から、敦煌における密教の歴史的展開を考えてみたい。

2　敦煌密教研究の意義

それではまず敦煌密教の研究が、インド密教の発展を知る上でどうして重要なのか、簡単に説明することにしたい。

中国・日本の密教は、基本的には『大日経』『金剛頂経』系のもので、インドで七世紀から八世紀前半に成立した中期密教に基づいている。これに対してチベット・ネパールの密教は、インドで九世紀以後に発展した後期密教を継承している。

ところが中期密教から後期密教への移行期の資料は、中国・チベットともに乏しい。ところが敦煌は、八世紀の末にチベットの吐蕃《とばん》王国に占領され、その占領は九世紀半ばまで続いた。

そして敦煌では、吐蕃占領期にチベット密教が伝播し、漢民族の仏教と混淆して行われたことが分かってきた。つまり敦煌密教の研究は、中国・日本密教の根本であるインド中期密教から、チベット・ネパールの密教の源流であるインド後期密教への移行期の状況を知る上で、かけがえのない資料といえるのである。

そこで本章では、『大日経』系、『金剛頂経』系、チベット古密教系、後期密教系の順に、各時代を代表する敦煌密教美術と文献を概観することにしたい。

3 『大日経』系の敦煌美術

敦煌における『大日経』系の密教美術としては、大英博物館所蔵の胎蔵大日八大菩薩像が挙げられる。この作品は従来、観音菩薩像あるいは阿弥陀八大菩薩像と呼ばれてきた。ところが著者が、ラトナギリの胎蔵大日八大菩薩像（本書第二章参照）や同時期にチベットで製作された作品との比較から胎蔵大日八大菩薩像に比定し、学界でも著者の説が認められるようになってきた。この作品の八大菩薩には、チベット文字で銘文が記されており、吐蕃占領期の作品と考えられる（写真1）。

いっぽう敦煌の東隣の瓜州楡林窟《ゆりんくつ》二五窟には、盧舎那《るしゃな》仏（銘文では誤って盧那舎と記されている）を中尊として、左右に八大菩薩を四体ずつ配した八大菩薩曼荼羅が描かれている。現在は

写真1　胎蔵大日八大菩薩像（大英博物館© Trustees of the British Museum.）

向かって右の壁面が崩壊しているが、戦前に撮影されたモノクロ写真によれば、右側にも四体の菩薩が描かれていたことが確認できる。

　この作品の八大菩薩には、漢字とチベット文字で尊名を記入する名札が設けられていたが、チベット語の尊名が記された形跡はなく、今枝由郎博士は、九世紀半ばに吐蕃が崩壊したことによる混乱から、チベット文字が記されないまま放置されたと解釈している。この仮説によるならば、その成立年代は九世紀中葉に置かれることになる。

　著者が調査したところ、禅定印《ぜんじょういん》を結ぶ胎蔵大日に八大菩薩を配した作品は、吐蕃時代のチベットで多数の作品を遺したことが判明した。残念ながら、それらのいくつかは文化大革命中に失われたが、青海省玉樹県のビド大日如来堂の胎蔵大日八大菩薩像は、チベット語の銘文により、九世紀初頭に吐蕃王の長寿を祈って造立されたことが明らかな磨崖仏《まがいぶつ》である（写真2）。吐蕃ではティソンデツェン王の時代に『大日経』がチベット訳され、敦煌から出土した『眷属を伴う毘盧遮那讃』というチベット語文献では、色究竟天《しきくきょうてん》に住する毘盧遮那仏が、八大菩薩の眷属を伴うことが説かれている。最近発見された『パンタンマ目録』（本書第三章参照）によって、この讃は吐蕃のティソンデツェン王の御製であることが確認された。

後期密教の隆盛によって、チベットでは影が薄くなった『大日経』であるが、吐蕃時代には国家的な規模で信仰されていたことが明らかになった。

いっぽうギメ美術館所蔵の蓮華部八尊曼荼羅（EO. 1131）は、一面四臂の観音の周囲に、七尊の眷属を配した作品である。この作品は、胎蔵界曼荼羅で蓮華部院に描かれる観音の眷属との関係が深く、広義の『大日経』系の作品と見ることができる。ただしこの作品には銘文がなく、漢民族とチベットのどちらの系統に属するのか、明らかでない。

4　『金剛頂経』系の敦煌密教

ギメ美術館所蔵の金剛界五仏像（MG. 17780）は、下部に描かれた漢人の施主の年代から、一〇世紀の末、北宋時代の成立と推定される作品である。中央には大日如来、四隅には阿閦、宝生、阿弥陀、不空成就の金剛界四仏を描き、周囲には金剛界曼荼羅の八供養菩薩を配してい

写真２　ビド大日如来堂八大菩薩像

る。五仏はみな禅定印を結んでいるが、掌の上に載せた三昧耶形《さんまやぎょう》から、胎蔵ではなく金剛界の五仏に比定できる。すでに吐蕃の占領は終結し、北宋から節度使に任命された漢人の支配下にあった敦煌であるが、唐末の廃仏で密教が衰えた中原とは異なり、敦煌では金剛界系の密教が行われていたことが分かる。

いっぽう大英博物館所蔵の白描の曼荼羅は、日本の金剛界九会曼荼羅の四印会に相当する、金剛界四印曼荼羅の遺品と考えられる。

またギメ美術館所蔵の不空羂索《ふくうけんさく》五尊曼荼羅（EO. 3579）は、画面上部に金剛界五仏を描き、曼荼羅の四隅には八供養、四門には四摂《ししょう》菩薩を配する金剛界系の曼荼羅である。なお不空羂索五尊とは、初期密教経典『不空羂索神変真言経』に説かれる観音とその眷属を一具としたもので、チベットには複数の流儀が伝えられ流行したが、漢訳のテキストには一切言及がない。

本作品は、吐蕃の占領から一世紀を経た一〇世紀半の成立で、施主も漢人の仏教徒であるが、漢訳のテキストには説かれない不空羂索五尊を曼荼羅の中心に描くことに、チベット仏教の影響を見ることができる。

著者がギメ美術館のEO. 3579を不空羂索五尊に比定した後の一九九三年、ギメ美術館のジャック・ジエス主任学芸員（当時）から、収蔵庫で新たな曼荼羅（MG. 26466）が発見され、修復が終わったので図像鑑定をしてもらいたいとの要請を受け、留学中のオックスフォードから、急きょパリに向かうことになった。著者は一見して、この作品が不空羂索五尊曼荼羅であることに気づいた（写真3）。しかも本作品では、通常は香華灯塗《こうけとうず》と配置される外四供養菩薩《げしくよう》が、画面左下から華香灯塗と配置されている。これは『初会金剛頂経』ではなく、『理趣経《りしゅきょう》』系の配置である（図1）。また様式的にも、従来知られていた不空羂索五尊曼荼羅（EO. 3579）より古く、九世紀まで上げられると思われる。本作品の発見によって、敦煌では不空羂索五尊が広く信仰されていたという、著者の推定が裏づけられたのである。

さらに金剛界系の曼荼羅は、敦煌莫高窟だけでなく瓜州楡林窟第三窟からも発見されている。この石窟は西夏時代（一一世紀）まで下がるが、この曼荼羅は、金剛界三十七尊と賢劫十六尊からなる本格的な金剛界曼荼羅である。なお本作品では、十六大菩薩が四仏の四方ではなく四隅に描かれているが、同様の配置はチベットの古い金剛界曼荼羅にも見られる（図2）。西夏時代には、チベットから新たな密教の伝播があったとされるので、本作品にもチベットの影響を見ることは可能である。

楡林窟のさらに東七五キロのところにある東千仏洞からも、金剛界曼荼羅が発見されている。この曼荼羅は、五仏・四波羅蜜・十六大菩薩・四摂の二十九尊からなり、八供養を欠いている。本作品は、敦煌とその周辺地域における金剛界曼荼羅の最後の作例と思われる（写真4）。

この他にも敦煌からは、金剛界系の『悪趣清浄《あくしゅしょうじょう》タントラ』の曼荼羅や、『理趣経』系の金

図2　　瓜州楡林窟第３窟金剛界曼荼羅

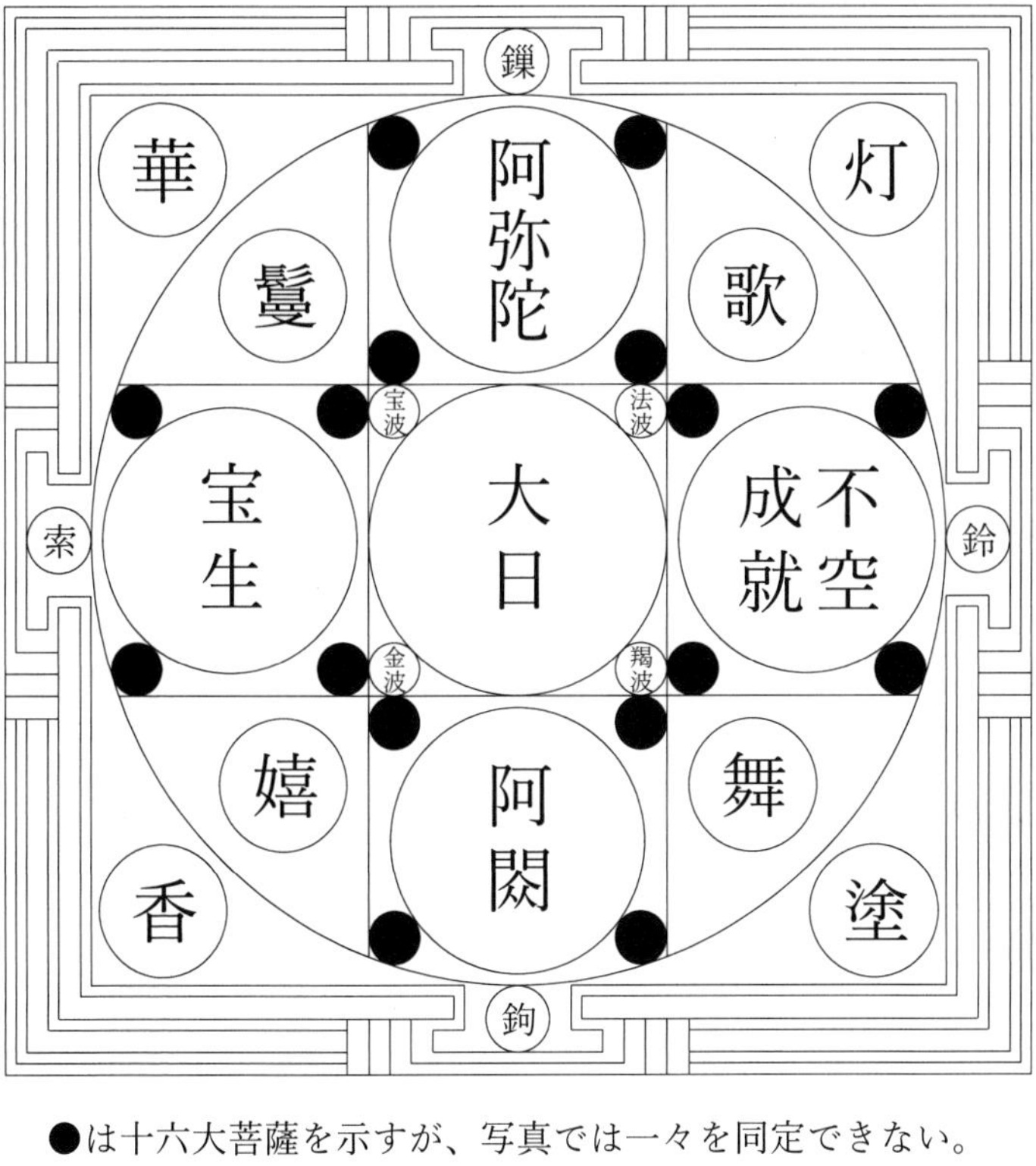

●は十六大菩薩を示すが、写真では一々を同定できない。

写真3　不空羂索五尊曼荼羅（RMN）Photo (c) RMN-Grand Palais (MNAAG, Paris) / Mathieu Ravaux / distributed by AMF

図1
不空羂索五尊曼荼羅(MG26466)

写真４　東千仏洞金剛界曼荼羅

剛薩埵五尊曼荼羅、さらに『初会金剛頂経』に基づくチベット語密教儀軌『聖真実摂成就《しょうしんじっしょうじょうじゅ》法《ほう》』や『金剛吽迦羅《こんごううんから》成就法』などが発見されているが、本書では紙数の関係で割愛した。詳しくは拙著『敦煌　密教と美術』（法藏館）を参照されたい。

5　チベット古密教の文献と作品

敦煌からは多数のチベット語密教文献が出土しているが、その中には、吐蕃時代に伝播した古密教の文献が含まれている。古密教は、吐蕃のティソンデツェン王が仏教を国教化した八世紀後半から九世紀前半に導入された。ところが吐蕃が仏教を導入した時期、インドでは『金剛頂経』系の密教が発展し、煩悩を積極的に肯定する後期密教が出現した。

そのため吐蕃では密教の受容に警戒を示し、九世紀初頭には後期密教のタントラの翻訳を禁止することになった。つまり『大日経』『金剛頂経』系の密教とは異なり、古密教は吐蕃公認の仏教ではなかったのである。そこで古密教の法系も、吐蕃官営の僧院ではなく、在家の密教行者によって伝えられた。そして吐蕃の崩壊後、一一世紀に新しい密教が伝播すると、古密教も教義を整備してニンマ派を形成するようになった。

その中で、ギメ美術館所蔵の寂静《じゃくじょう》四十二尊曼荼羅は、現在のニンマ派に伝えられる寂静四十二尊曼荼羅の最古の作例としてきわめて貴重な作品である（写真5・図3）。

写真5　敦煌出土寂静四十二尊曼荼羅 Photo (c) RMN-Grand Palais (MNAAG, Paris) / Mathieu Ravaux / distributed by AMF

図3　敦煌出土寂静四十二尊曼荼羅(EO.1148)

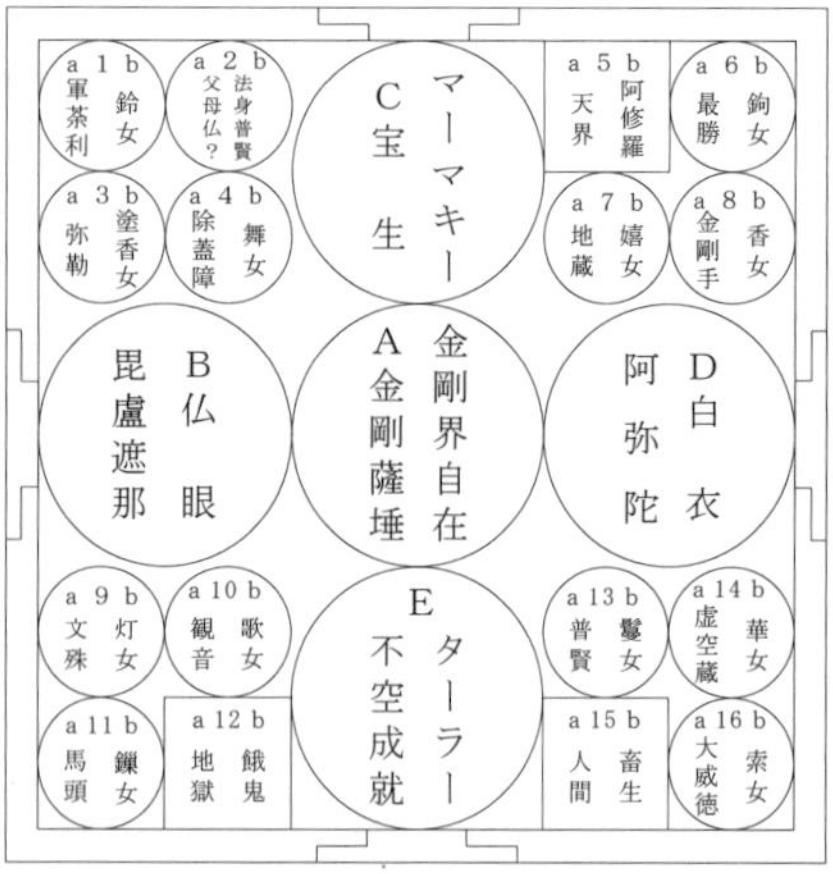

それは現在の寂静四十二尊曼荼羅と同じく、五仏・五仏母・八大菩薩・八供養・四忿怒《ふんぬ》・四忿怒妃・六道の仏・法身《ほっしん》普賢《ふげん》父母仏の四十二尊からなるが、諸尊の表現と配置は、現在のニンマ派の寂静四十二尊曼荼羅と、まったく異なっている。

これによって我々は、吐蕃時代の古密教の実態と、『金剛頂経』系の中期密教から後期密教への移行期の密教美術を、はじめて知ることができるようになった。

いっぽう大英図書館所蔵のチベット語密教文献IOL Tib J332は、ニンマ派の密教図像の根本として寂静四十二尊と並び称される、忿怒五十八尊の儀軌であることが判明した。この他にも敦煌からは、多数のチベット語古密教文献が発見されたが、この儀軌は一葉の欠落もない完本で、とくにニンマ派の「マハーヨーガ十八大部」の内容をまとめた『サンワイニンポ』あるいは『グヒヤガルバ・タントラ』から、多数の引用が見られることが判明した。

これらの発見によって、従来から偽作の疑いをかけられていたニンマ派のタントラが、実際に吐蕃時代に存在していたことが確認された。なお寂静四十二尊は『初会金剛頂経』と『秘密集会《しゅうえ》タントラ』の尊格群（第十二章表2参照）、忿怒五十八尊は『初会金剛頂経』「降三世品《ごうざんぜほん》」と『サマーヨーガ・タントラ』（第十四章参照）の尊格群を合成した構成になっている。つまり吐蕃時代の古密教は、『金剛頂経』系の中期密教から本格的な後期密教への移行期の状況を反映していると考えられるのである。

一九五九年のチベット動乱以後、チベット仏教ニンマ派は、欧米に布教してポピュラーな宗教となり、入信したり、研究したりする欧米人も少なくない。そこで著者は、拙著『敦煌　密教と美術』の第十一章「敦煌出土の忿怒五十八尊儀軌」を増補改訂し、日英二カ国語版のモノグラフとして刊行した。

6　後期密教系の敦煌美術

このように吐蕃占領期に伝播した古密教は、吐蕃占領後もしばらく信仰されたことが、遺された文献から分かってきた。しかしその後、インドが本格的な後期密教の時代に入ると、敦煌にも後期密教が伝播した。

敦煌莫高窟の断崖の上に建てられた天王堂には、密教系の多面広臂像が数多く描かれている。最近の研究で、これらの尊像は後期密教経典の一つ『マーヤージャーラ・タントラ』（本書第十二章参照）に基づくことが明らかになった。『マーヤージャーラ』は後期密教の中では反社会的要素が少なく、儀礼中心の密教を説くので、中国には受け入れやすかったのではないかと思われる。

いっぽう莫高窟四六五窟は、敦煌の中で後期密教系の男女合体尊を公然と描く点で、大変ユニークな石窟である。本石窟に関しては、モンゴル帝国時代にフビライ・ハーンに支持されたチベット仏教サキャ派に関するものと考える説が有力だが、成立を西夏《せいか》時代まで上げる説や、他のチベット仏教教派の影響を指摘する意見もある。

なおモンゴル帝国の崩壊後、中国に明王朝が成立すると、明はシルクロード貿易を禁止し、嘉峪関《かよくかん》より西の地域を放棄してしまった。そこで敦煌の密教も、モンゴル帝国と運命を共にすることとなったのである。

7 本章のまとめ

それでは本章の内容をまとめてみよう。

敦煌からは、顕教の仏教美術だけでなく、密教美術も数多く出土しているが、時代的に下がるものが多いため、日本の美術史家からは、注目されてこなかった。

敦煌出土の漢文文献の中に、密教関係のものが存在することは従来から知られており、宗門系の研究者により研究されてきたが、チベット語密教文献の研究は、ほとんど手がつけられていなかった。

敦煌の密教は、吐蕃占領時代（八世紀末〜九世紀半）に隆盛を迎えたため、チベット仏教関係のものが含まれている。

この中には、初期密教系、『大日経』系、『金剛頂経』系に加えて、現在のチベット仏教ニンマ派の前身である、チベット古密教の遺品や文献が含まれている。

唐末の廃仏によって、中国内地では密教が衰えたのに対し、敦煌の密教は、北宋・西夏・元時代まで存続していた。そしてこれらの遺品の中には、インド密教の歴史的発展を知るうえで、貴重な資料が多数含まれている。

第十二章　『秘密集会タントラ』と後期密教

1　『秘密集会タントラ』の成立

インドでは七世紀に、『大日経』『初会《しょえ》金剛頂経』などの密教経典が成立し、中期密教が成立する。そして八世紀に入ると『金剛頂経』の系統が発展して、後期密教の原初形態が現れた。そして九世紀に入ると、その系統はさらに発展して、後期密教の時代に入る。

後期密教を代表する密教聖典は、『秘密集会《ひみつしゅうえ》タントラ』である。この聖典は、『金剛頂経』十八会の第十五会として不空《ふくう》の『十八会指帰《じゅうはちえしいき》』に言及されることから、八世紀にはその原形が現れたと考えられる。また北宋時代に、施護《せご》によって『一切如来金剛三業最上秘密大教王経《いっさいにょらいこんごうさんごうさいじょうひみつだいきょうおうきょう》』（大正八八五）として漢訳されたが、中国・日本では普及しなかった。

ところがインドでは九世紀以後、聖者流《しょうじゃ》、ジュニャーナパーダ流などの解釈学派が成立し、その流行は『初会金剛頂経』をしのぐようになった。なお聖者流、ジュニャーナパーダ流ともに、その開祖となる人物は八世紀後半に活躍したと考えられるが、流派として定着するのは九世紀に入ってからと考えてよいだろう。

また現在、チベット仏教の主流を形成するゲルク派では、ツォンカパが『秘密集会』の聖者流を重視したため、『秘密集会タントラ』は最も重要な密教聖典と見なされている。

なおチベットでは、後期密教聖典を「無上瑜伽《むじょうゆが》」rnal 'byor bla med と言い、それをサンスクリットに還元して「アヌッタラヨーガ」anuttarayoga と呼ぶ研究者がいるが、この術語は写本では確認できない。インドでは『秘密集会』等の父タントラは「上瑜伽」yogottara、後述の母タントラ類は「無上瑜伽」yoganiruttara と呼ばれていたと思われる。

『秘密集会タントラ』の成立に関しては、松長有慶博士が、「第一分」から「第十二分」までの前段を第一期、「第十三分」から「第十七分」までの後段を第二期、そして続タントラ（ウッタラタントラ）の「第十八分」を第三期とする三段階成立論を唱え、これがほぼ定説化している。

なお一部のネパール写本には、前半とほぼ同じ文献量がある後半部分（パラールダ）が付加されているが、これはヘーヴァジュラ系とサンヴァラ系（本書第十四章参照）共通の釈タントラとされる『サンプタ・タントラ』を改変して付加したものなので、本書の考察からは除外することにする。

表1　『秘密集会タントラ』の成立

『秘密集会タントラ』		章　名	成立の下限	典　拠
前半	前段（第1期）	第1分～第12分	8世紀半ば	不空の『十八会指帰』
	後段（第2期）	第13分～第17分	9世紀初頭	吐蕃時代の訳が現存
	続タントラ	第18分	9世紀初頭	Viśvāmitraの釈が現存
後半部分		『サンプタ・タントラ』を改変して追加	11世紀	一部のネパール写本

その成立の下限は、第一期の前段は不空の『十八会指帰』に合致する部分があるので、不空がインド留学から帰国した八世紀中葉には成立していたと見られる。これに対して第二期の後段は、敦煌《とんこう》から吐蕃《とばん》時代の古いチベット訳（「第十八分」を含まない）が発見されたことから、九世紀初頭と考えられる。いっぽう第三期の「第十八分」は、吐蕃時代の旧訳とされるヴィシュヴァーミトラの「第十八分」の註（北京二七九七）が『チベット大蔵経』に収録されているので、やはり九世紀初頭と考えられる（表1）。

これは前章で見た吐蕃王国による後期密教聖典の翻訳禁止令が、九世紀初頭に発令されたため、旧訳の後期密教聖典は、それ以前にチベット訳されていたと考えられるからである。

2　根本十三尊と『秘密集会』曼荼羅

『秘密集会』曼荼羅は、『秘密集会タントラ』「第一分」を典拠とする。しかし「第一分」に明確に説かれるのは、五仏・

四仏母《ぶつも》・四忿怒《ふんぬ》の十三尊のみで、これを根本十三尊と呼ぶ。

　このうち五仏は、金剛界五仏と基本的に同一だが、曼荼羅の主尊であった毘盧遮那《びるしゃな》が東方に移り、金剛界曼荼羅で東方に配されていた阿閦《あしゅく》が曼荼羅の主尊となった。また南方仏は『金光明経』と同じく宝幢《ほうどう》となっているが、註釈類では宝生《ほうしょう》と同一と見なされている。

　いっぽう曼荼羅の四維《しい》には、四仏母が描かれる。五仏が五蘊《ごうん》を象徴するのに対し、四仏母は地水火風の四大を象徴している。この四仏母は、初期密教経典『蘇悉地羯羅経《そしつじから》』所説の三部母（本書第四章の表1参照）にターラーを加えたものである。

　さらに四忿怒は、真言によりヤマーンタカ・プラジュニャーンタカ・パドマーンタカ・ヴィグナーンタカと呼ばれるが、従来の密教の大威徳明王《だいいとくみょうおう》・無能勝《むのうしょう》明王・馬頭《ばとう》明王（観音）・軍《ぐん》茶利《だり》明王に相当する。

　このように『秘密集会タントラ』は、『初会金剛頂経』で確立した五部の観念を継承しているが、中期密教が毘盧遮那仏（大日如来）を主尊としていたのに対し、阿閦如来を主尊とする点が異なっている。

『秘密集会タントラ』では、毘盧遮那が身密を司るのに対し、阿閦は意密を司るとされる。また五蘊《ごうん》を五仏に配当する場合には、毘盧遮那は色蘊、阿閦は識蘊を司るとされる。つまり『秘密集会』では、身密・色蘊のような物質的要素より、意密や識蘊などの観念的要素を重視したので、主尊を毘盧遮那から阿閦へ交代させたと考えられる。

そして『秘密集会』をはじめとする後期密教では、毘盧遮那を主尊とする曼荼羅より、阿閦を主尊とする曼荼羅の方が一般的になるのである。

『秘密集会』の解釈学派では、前述の根本十三尊に男性・女性の菩薩や忿怒尊を付加して、より尊数の多い曼荼羅を構成する。ジュニャーナパーダ流では、根本十三尊に六金剛女と呼ばれる女性の菩薩を加え、文殊金剛（阿閦如来に相当する）を主尊とする十九尊曼荼羅を説く。これに対して聖者流では、根本十三尊に五金剛女、八大菩薩、そして門衛の四忿怒に六尊を加えた十忿怒からなる阿閦金剛三十二尊曼荼羅を説く。いっぽう前章で取り上げたチベット仏教ニンマ派の寂静《じゃくじょう》四十二尊では、根本十三尊の四仏母に金剛界自在（虚空界自在ともいう）を加えて五仏母とし、これに男性の八大菩薩と女性の八供養菩薩、門衛の四忿怒に四忿怒妃を加え、さらに法身普賢父母仏と六道の仏を加えて四十二尊としている（表2参照）。

このように根本十三尊に含まれない男女性の菩薩を解釈学派が導入したのは、我々の認識を司る感覚器官と感覚対象を男性・女性の菩薩で象徴させたためと考えられる。

3 聖者流

『秘密集会』聖者流は、ナーガールジュナにはじまる『秘密集会タントラ』の解釈学派である。

表２　『秘密集会』曼荼羅の諸尊対照表

根本十三尊	ジュニャーナパーダ流	聖者流	寂静四十二尊	『妙吉祥観門』(大正 No.1192)
五仏	五仏	五仏	五仏	五仏
四仏母	四仏母	四仏母	五仏母	五仏母（波羅蜜）
	六金剛女	五金剛女	八供養菩薩	十二供養菩薩
	(六大菩薩)	八大菩薩	八大菩薩	八大菩薩
四忿怒	四忿怒	十忿怒	四忿怒・四忿怒妃	十忿怒（明王）
			法身普賢父母仏	
			六道の仏	

本書第十章で述べたように、南インドで二〜三世紀に活躍し、「八宗の祖」と呼ばれたナーガールジュナの後も、インドには複数のナーガールジュナを名乗る人物が現れた。そしてチベットの所伝によれば、密教のナーガールジュナはインド仏教の中心地ナーランダーで活躍したといわれる。

ナーランダーはグプタ王朝によって五世紀に創建されたので、二〜三世紀のナーガールジュナがナーランダーで活躍したというのは、明らかな時代錯誤である。ところがチベットでは中観派のナーガールジュナと『秘密集会』のナーガールジュナを同一視するので、しばしばこのような誤解が生じることになる。

いっぽう真言八祖の一人で南天鉄塔を開いた龍猛《りゅうみょう》（ナーガールジュナ）は、実際には七世紀頃に活躍したと考えられるので、八世紀と推定される『秘密集会』聖者流の開祖と同一人物と考えるのも、現在のところ困難である。

『秘密集会』聖者流の伝承者は、ナーガールジュナだけでなくアーリヤデーヴァやチャンドラキールティなど、好んで中観派の学匠の名前を自称した。またナーガボーディあるいはナーガブッディが真言八祖の一人、龍智と同じ名であることも注目される。聖者流の基本典籍の原典は、ネパールやチベットに写本が伝えられており、現在までにほとんどの重要典籍の写本が発見され、校訂テキストも刊行されている（表3）。

前述のように『秘密集会』聖者流では、根本十三尊に大幅な増広を施した三十二曼荼羅を用いる。このうち五金剛女の一尊、触金剛女《そくこんごうにょ》は、主尊の阿閦金剛と男女合体の父母仏として描かれる。いっぽう上と下を守る仏頂転輪王《ぶっちょうてんりんおう》と孫婆《そんば》は、作画の関係で、それぞれ東門と西門の外側に描かれる（写真1・図1）。

4　ジュニャーナパーダ流

これに対してジュニャーナパーダ流は、八世紀後半から九世紀初頭に活躍したブッダジュニャーナパーダ（写真2）に始まる解釈学派である。ブッダジュニャーナパーダは、パーラ朝のダルマパーラ王がヴィクラマシーラ大寺院を創建すると、その初代金剛阿闍梨《あじゃり》に就任したといわれ、その法系は主としてヴィクラマシーラを中心に伝えられた。

表３　聖者流の重要典籍

	題　名	梵　題	著者	北京版	梵本校訂者
生起次第	ピンディークラマ	Piṇḍīkrama	Nāgārjuna	No.2661	Vallée Poussin 1896
	秘密集会曼荼羅儀軌二十	Viṃśatividhi	Nāgabuddhi/Nāgabodhi	No.2675	田中 2010
	金剛薩埵成就法	Vajrasattvasādhana	Candrakīrti	No.2678	苫米地 2008
究竟次第	パンチャクラマ（五次第）	Pañcakrama	Nāgārjuna	No.2667	Vallée Poussin 1896
	業辺分別	Karmāntavibhāga	Nāgabuddhi/Nāgabodhi	No.2676	
	行合集灯	Caryāmelāpakapradīpa	Āryadeva	No.2668	Pandey 2000
	自身加持次第差別	Svādhiṣṭhānakramaprabheda	Āryadeva	No.2670	Pandey 1997
	心清浄論	Cittaviśuddhiprakaraṇai	Āryadeva	No.2669	Patel 1949
両次第	安立次第論	Samājasādhanavyavastholi	Nāgabuddhi/Nāgabodhi	No.2674	田中 2016
	灯作明註	Pradīpoddyotana	Candrakīrti	No.2659	Chakravarti 1984

写真２　ブッダジュニャーナパーダ

表4　ジュニャーナパーダ流の重要典籍

	題　名	梵　題	著者	北京版	梵本校訂者
生起次第	普賢成就法	Samantabhadra nāma sādhana	Buddhajñānapāda	No.2718/2719	加納 2014（一部）
	普賢成就法註		不明		田中 2010（断片）
	四百五十儀軌	Guhyasamājamaṇḍalavidhi	Dīpaṅkarabhadra	No.2728	Bahulkar 2010
	ヘールカ成就法	Śrīherukasādhana	Buddhajñānapāda	No.2721/2722	
究竟次第	小口伝書	Mukhāgama	Buddhajñānapāda	No.2717	
	解脱明点	Muktitilaka	Buddhajñānapāda	No.2722	
両次第	大口伝書	Dvikramatattvabhā	vanāBuddhajñānapāda	No.2716	
	ヴァジュラハーサ註	Guhyasamājaṭīkā	Vajrahāsa	No.2772	

ジュニャーナパーダ流の典籍は『チベット大蔵経』に多数収録されているが、そのサンスクリット原典は、ほとんど発見されていなかった。ところが著者がネパール留学中に、ジュニャーナパーダ流の生起《しょうき》次第《しだい》の根本典籍、『普賢成就法』のサンスクリット註の写本を発見してから、いくつかの重要典籍の写本が発見、同定されるようになった（表4）。

しかしジュニャーナパーダ流の重要典籍を多く含むラサの西蔵博物館所蔵の樺皮写本の写真が公開されていないため、ジュニャーナパーダ流の原典研究は、今後の課題となっている。

ジュニャーナパーダ流では、文殊菩薩の密教的形態、文殊金剛（阿閦如来に相当する）を主尊とする十九尊曼荼羅を用いる。これは『秘密集会』の根本十三尊に、六金剛女を加えたものである（写真3・図2）。この六金剛女は、色声香味触法《しきしょうこうみそくほう》の六境、つまり六つの感覚

写真１　聖者流三十二尊曼荼羅（藤田弘基アーカイブス）

図1　聖者流三十二尊曼荼羅（配置図）

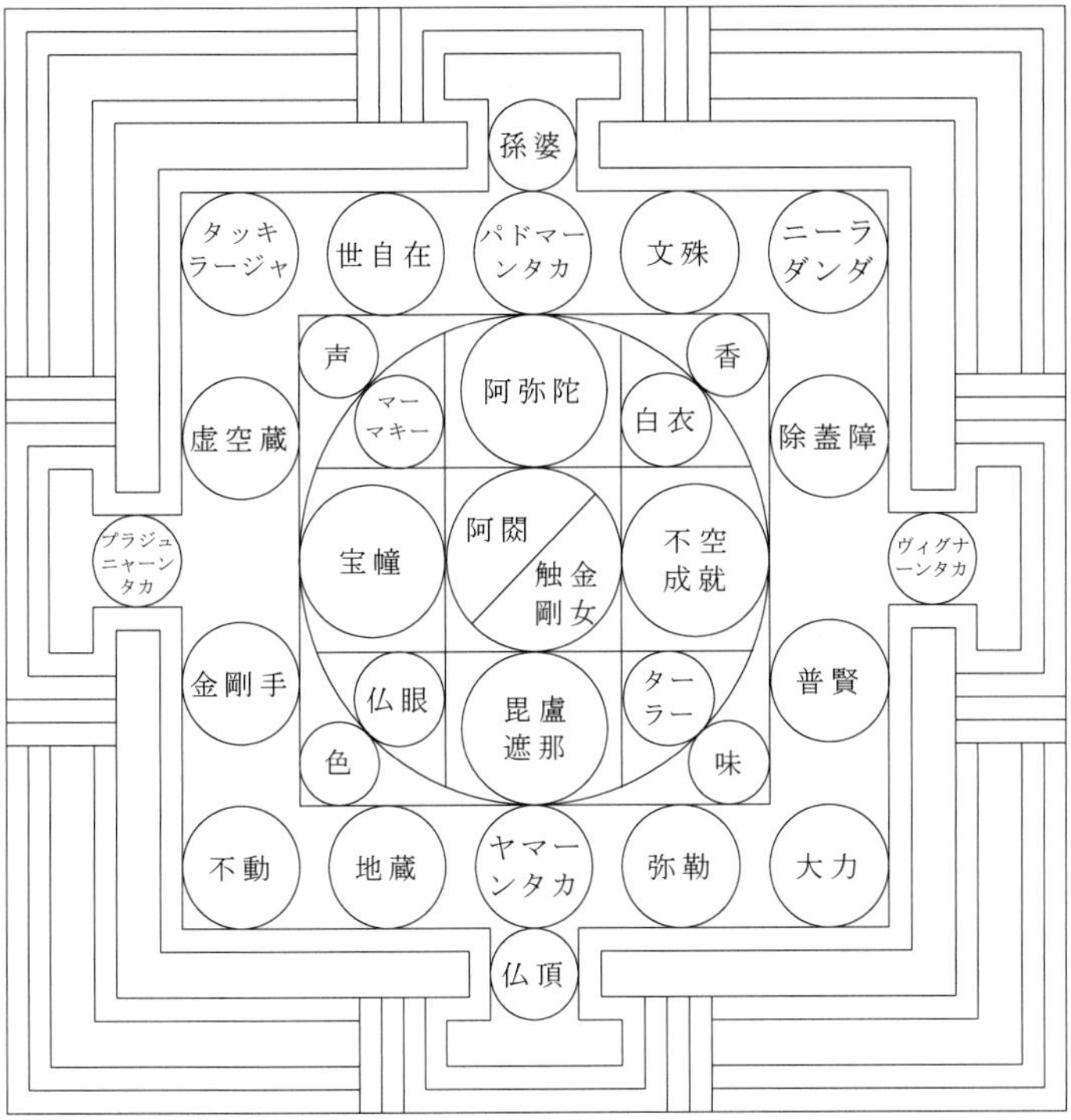

写真３　文殊金剛十九尊曼荼羅（藤田弘基アーカイブス）

図２　『秘密集会』文殊金剛十九尊曼荼羅（配置図）

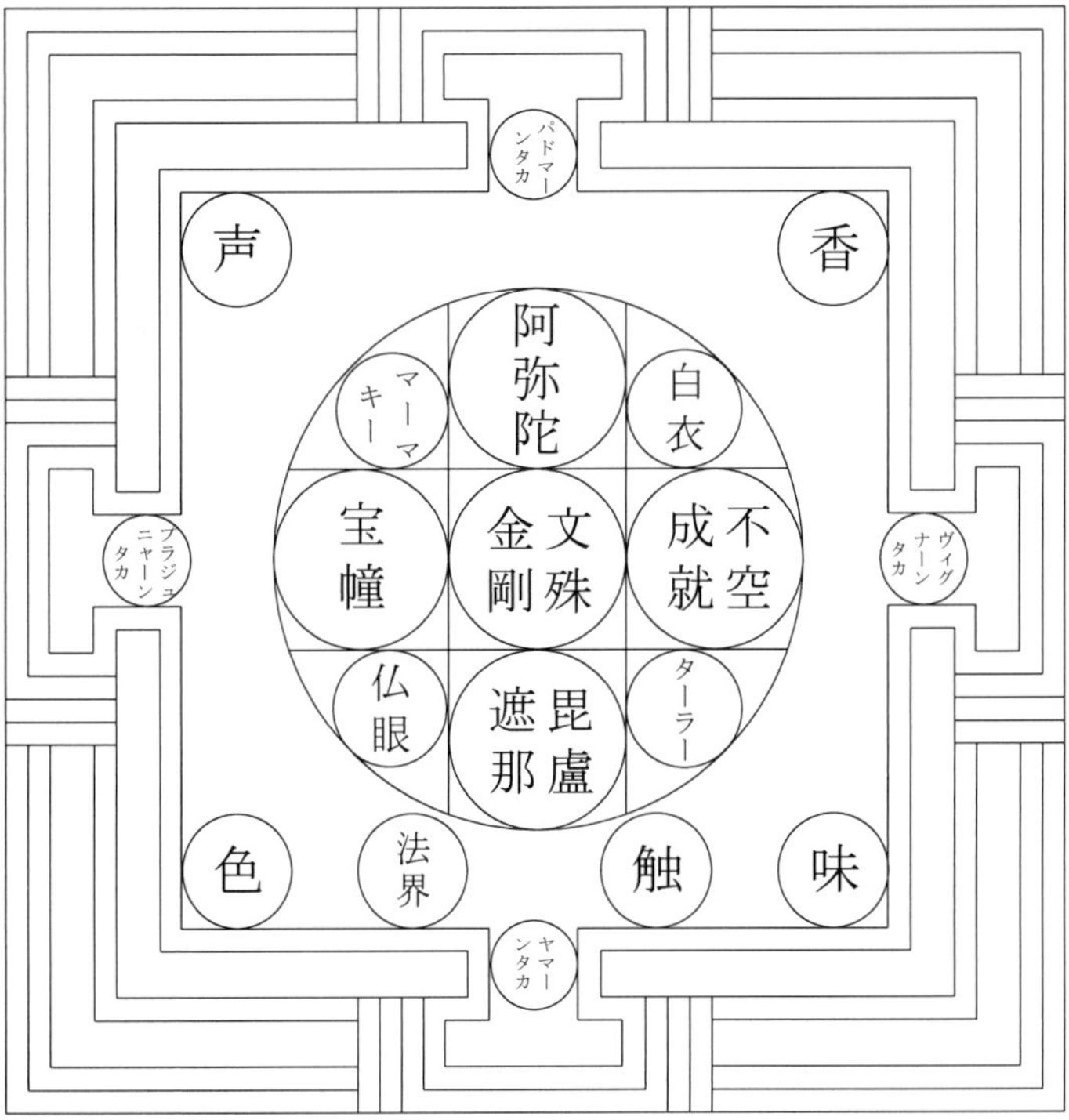

対象を象徴する。

なお現在、チベットで用いられる曼荼羅では、六金剛女の配偶者として男性の六大菩薩を描くものが多い。六大菩薩は眼耳鼻舌身意の六根、つまり六つの感覚器官を象徴するが、上述の『普賢成就法』には曼荼羅に六大菩薩を描くという明確な規定がなく、曼荼羅の尊数には数えないのが通例である。

インドからは『秘密集会タントラ』と関係する密教美術は、ほとんど発見されていなかったが、メトロポリタン美術館が所蔵する文殊金剛像は、ジュニャーナパーダ流の主尊である文殊金剛を、忠実に造像したものとして注目される（写真4）。その光背上部には、『秘密集会タントラ』に説かれる阿閦・毘盧遮那・宝幢（宝生）・阿弥陀・毘盧遮那の五仏が、三面六臂の姿で描かれ、この作品自体が、曼荼羅的な構造をもっている。

またこの作品では、文殊金剛の妃とされるマーマキーが省略されている。同様の文殊金剛像は、オリッサのアマラプラサードガルフからも一体発見されている。これは男女合体の父母仏は、後期密教の灌頂《かんじょう》を受けていない一般信徒に公開することが禁じられていたので、あえて表現しなかったものと思われる。これに対してコルカタのインド博物館所蔵の文殊金剛像は三面六臂の妃マーマキーを表現しているが、小像であるため、おそらく通常は厨子《ずし》に入れて一般人の目に触れないように祀られていたと思われる。

5 『秘密集会』の曼荼羅理論

『秘密集会』曼荼羅の構造は、「蘊《うん》・界《かい》・処《しょ》」に集約されるといわれる。この曼荼羅では、阿閦を主尊とする五仏が五蘊、仏眼《ぶつげん》をはじめとする四仏母が地水火風の四界、色金剛女《しきこんごうにょ》をはじめとする金剛女（女性の菩薩）が色声香味触法《しきしょうこうみそくほう》の六処を象徴すると考えられたからである。

また『秘密集会タントラ』本文には明確に説かれないが、聖者流、ジュニャーナパーダ流では、眼耳鼻舌身意《げんにびぜっしんに》の六根を象徴する八大菩薩や六大菩薩を説く。このように『秘密集会』は、我々の経験する世界を、自我を構成する要素＝五蘊、外界を構成する四つの元素＝四大（界）、五つの感覚器官＝五根と五つの感覚対象＝五境（処）に分析し、これに男女の尊格を配当した。これを「蘊・界・処」という。

この曼荼羅理論は、限られた尊数で我々が経験する世界の総てを表現するのに適していたので、やがて他の後期密教聖典も、『秘密集会』の曼荼羅理論を取り入れるようになった。さらにタントラ本文には明確に説かれないが、曼荼羅の周囲を護る忿怒尊と、それと男女合体の父母仏を形成する忿怒妃は、手足等の行為器官と、その働きを象徴するとされた。我々は目や耳といった感覚器官で外界の対象を認識し、手足等の行為器官で外界に働きかけることで、日常生活を送っている。『秘密集会タントラ』は、このようにして曼荼羅の限られた尊数で、我々

写真４　文殊金剛像（メトロポリタン美術館）

の経験する世界のすべてを象徴する曼荼羅理論を構築したのである。

また仏教では、自我をはじめとする主観は「能取《のうしゅ》」、外界の物質世界はその主観によってとらえられる世界なので「所取《しょしゅ》」と呼ばれる。そして『秘密集会』曼荼羅では、五蘊・五根・行為器官などの主観方面は男性尊、四大や五境・行為器官の働きなどの客観方面は女性尊に割り当てられている。

そしてこれらの男性・女性尊が、男女合体の父母仏を形成することで、悟りの世界には主観・客観の二元対立が存在しないことが象徴されるのである（図3）。

いっぽう『秘密集会』曼荼羅の形状は、金剛界曼荼羅のような「互相渉入」型ではなく、輪円を井桁で区切った九格子となっている。しかし金剛界曼荼羅の「互相渉入」思想が、『秘密集会』には見られないというわけではない。

『秘密集会』「聖者流」では、「最上百族の定寂身《じょうじゃくしん》」が説かれる。これはわれわれが経験する世界のすべてを五部の互相渉入で解釈し、『秘密集会』曼荼羅の諸尊に当てはめるものである。したがって『秘密集会タントラ』は、金剛界曼荼羅の互相渉入思想を、曼荼羅の形状ではなく、思想面で継承したと見ることができる。

そして曼荼羅の諸尊に教理概念を当てはめ、世界のすべてを説明するという思想は、インド密教で最後に出現した『時輪タントラ』へと継承されることになる。

図3　『秘密集会』曼荼羅の基本構造

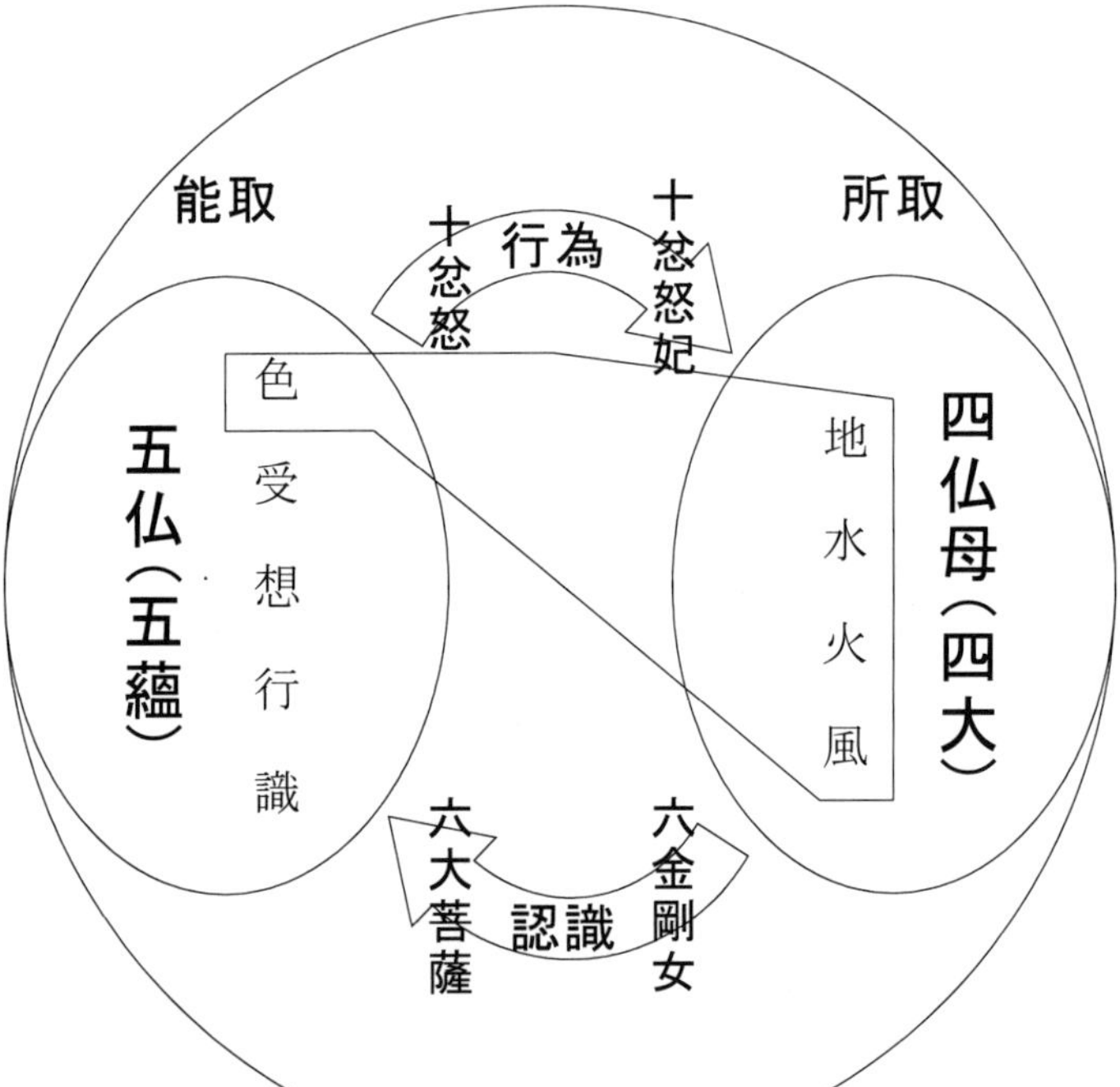

仏教の究極的な立場から見ると、
主観客観の二者は存在しない。

6　その他の父タントラ

『秘密集会タントラ』の系統は、その後のインドで大きく発展し、やがて父タントラと呼ばれる一連の聖典群が成立する。その主なものは、『クリシュナヤマーリ』『ラクタヤマーリ』『ヴァジュラバイラヴァ』の三種のヤマーンタカのタントラと、『マーヤージャーラ・タントラ』である。なお三種ヤマーンタカの曼荼羅は基本的に一三尊からなり、主尊とその東南西北に配される男性尊は『秘密集会』の五仏、四維に配される女性尊は四仏母、四門の門衛は四忿怒に相当する。つまりヤマーンタカの曼荼羅は、『秘密集会』の根本十三尊が、すべて忿怒尊になったものと解釈できる。インドでは、とくにクリシュナヤマーリが流行したようで、ビハールとオリッサから複数の作例が出土している（写真5）。

いっぽう『マーヤージャーラ』（瑜伽《ゆが》大教《だいきょう》王経《おうきょう》）は、『ヴィマラプラバー』（本書第十五章参照）が所作瑜伽（クリヤーヨーガ）と呼んだように、『秘密集会』の曼荼羅理論を基本的に採用しながら、初期密教系の儀礼をも取り入れた密教聖典である。

その曼荼羅の中心部は、『秘密集会』と同じ五仏・四仏母からなるが、後期密教としては珍しく、阿閦ではなく毘盧遮那を主尊としている（写真6）。インドからはハリプルの四仏（本書第五章参照）以外に出土遺物はないが、中国からは敦煌莫高窟天王堂（本書第十一章参照）など、

写真５　クリシュナヤマーリ（ナーランダー出土）

写真６『マーヤージャーラ』曼荼羅（メトロポリタン美術館）

同経に基づく壁画が複数発見されている。また中国内地で唯一、伝統的な密教が残存している雲南省の白密の曼荼羅が、『マーヤージャーラ』に基づくことが明らかになった。白密の曼荼羅は尊名が北宋時代の漢訳『瑜伽大教王経』（大正八九〇）とは異なるので、チベットあるいは西南シルクロード経由で伝播したと推定される。

7　本章のまとめ

それでは本章の内容をまとめてみよう。

後期密教の時代に入ると、曼荼羅の主尊は、大日如来から阿閦如来に交代するようになる。『秘密集会タントラ』では、根本タントラの成立後、聖者流、ジュニャーナパーダ流などの解釈学派が現れ、「第一分」所説の根本十三尊に加え、男女性の菩薩や忿怒尊を加えた曼荼羅が制作された。

『秘密集会タントラ』では、男性の五仏が五蘊、女性の四仏母が四大を象徴し、男女の菩薩は感覚器官や感覚対象、忿怒尊は手足などの行為器官を象徴するとされた。これによって『秘密集会タントラ』は、限られた尊数で、我々の経験する世界のすべてを象徴する曼荼羅理論を構築した。そしてインドでは、『秘密集会』の系統が大きく発展し、「父タントラ」と呼ばれる聖典群が成立した。

第十三章　生起次第と究竟次第

1　後期密教の修道階梯

後期密教の修道階梯は、生起《しょうき》次第と究竟《くきょう》次第の二次第に集約される。その初出は『秘密《ひみつ》集《しゅう》会《え》』の続タントラ（第八四偈）と思われるが、その内容については詳説されていない。またその原語も、生起次第は「ウトパッティ・クラマ」で一定しているが、究竟次第は、『ヘーヴァジュラ』や『サンヴァローダヤ』などの母タントラでは「生起する」の過去分詞形にクラマ（次第）がついた「ウトパンナ・クラマ」、『秘密集会』続タントラでは、ウトパンナに接尾辞の ka がついた「アウトパンナカ」、『秘密集会』聖者流では「完成する」の過去分詞形にクラマがついた「ニシュパンナ・クラマ」を用いており、一致しない。

生起次第は、これまでのインド密教で徐々に形成されてきた曼荼羅の生起（生成過程の観想）が発展したもので、日本密教の本尊瑜伽や曼荼羅の観想法とも共通する点が多い。これに対して究竟次第は、後期密教独特の生理学説に基づき、神秘体験を人工的に作り出すヨーガの技法であり、日本密教には伝承がないため理解が難しい。

インド後期密教の伝統はすでに失われたため、我々はサンスクリット写本が遺される文献と、その実修を現代に伝えるチベット仏教によって、インドの原型を復元するより他に方法がない。一九五九年のチベット動乱以後、国外に逃れたチベット仏教の指導者により、欧米やわが国にも生起次第系や究竟次第系の行法が知られるようになったが、その研究はいまだ初期の段階にある。

2　生起次第

「生起次第」（ウトパッティクラマ）は、後期密教を特徴づける無上瑜伽《むじょうゆが》タントラの実践階梯、二次第の第一である。

生起次第は、これまでのインド密教で形成されてきた曼荼羅の生起（生成過程の観想法）が発展したものと考えられるが、それに主尊と妃による眷属の出生という、性的要素を加える点が異なっている。

一例を挙げると、『秘密集会』ジュニャーナパーダ流では、生起次第を構成するヨーガを十二因縁と関連づけ、曼荼羅の諸尊を生み出す根源的存在＝「因の持金剛」が誕生する次第を十二因縁の「識」に当てはめ、「因の持金剛」から曼荼羅の主尊が出生する次第を「生」と「老死」の二支に当てはめている。

このような性の儀礼化は、中有《ちゅうう》の衆生の意識が性行為の結果、母親の子宮内に形成された精液と経血の混合物の中に取り込まれるという、受胎のプロセスをシミュレートすることによって成立している。

生起次第は多数のヨーガから構成されるが、これらを整理して修道体系を構築するには、種々の方法があった。チベット仏教ゲルク派の祖ツォンカパ（一三五七〜一四一九）は、代表的な生起次第の体系として『秘密集会タントラ』所説の①親近（セーヴァー）②近成就（ウパサーダナ）③成就（サーダナ）④大成就（マハーサーダナ）の四支、『クリシュナヤマーリ』と『ラクタヤマーリ』に説かれる①瑜伽（ヨーガ）②随瑜伽（アヌヨーガ）③甚瑜伽（アティヨーガ）④大瑜伽（マハーヨーガ）の四瑜伽、『ヴァジュラパンジャラ』所説の六支、そして①初加《しょけ》行《ぎょう》（アーディヨーガ）②最勝曼荼羅王（マンダラ・ラージャーグリー）③最勝羯磨《かつま》王（カルマ・ラージャーグリー）の三種三摩地という四種の整理法を挙げている。

このうち①初加行等の三種三摩地は、アーナンダガルバ流の金剛界法など、『金剛頂経』系の瑜伽タントラにも見られるもので、生起次第が、中期密教の曼荼羅の生成的観想に性的要素を加えることによって成立したことを物語っている。

3 『秘密集会タントラ』の成仏論

前章で見たように、インドで八世紀後半に成立した『秘密集会タントラ』は、その後の密教の展開に大きな影響を及ぼした。

そして『秘密集会』聖者流の生起次第の根本テキスト『ピンディークラマ』（成就法略集）と究竟次第の根本テキスト『パンチャクラマ』（五次第）は、一九世紀末にヴァレー・プサンによって、他の後期密教文献に先駆けて校訂テキストが刊行された。そこで後期密教の修道階梯については、『秘密集会』聖者流の研究が最も進んでいる。

そこで本節では、主として『パンチャクラマ』によりながら、『秘密集会』聖者流の成仏論を見ることにしたい。

『パンチャクラマ』は、『秘密集会』聖者流の祖ナーガールジュナに帰せられる究竟次第の根本テキストで、①金剛念誦（定寂語）次第、②心清浄（定寂心）次第、③自加持（幻身）次第、④楽現覚（光明《こうみょう》）次第、⑤双入次第の五つから構成されるので、『パンチャクラマ』（五次第）と呼ばれるが、実際には、生起次第と究竟次第の中間に位置づけられる定寂身次第を前に付加した六次第からなっている。さらにヴァレー・プサンの校訂本も同様であるが、生起次第の根本テキストである『ピンディークラマ』を、さらにその前に付した写本が多い。

そしてその「第二（心清浄）次第」の第五三偈以下では、ブッダガヤの金剛宝座でおきたブッダの成仏のありさまが、つぎのように記述されている。

「以下のように、『ラリタヴィスタラ』という大乗経典に説かれている」

「正覚を悟らんと欲した釈迦獅子［＝牟尼］如来は、慢心より、我は大空によって成仏せんと、ナイランジャナー河のほとりに坐して、アースパーナカ・サマーディに入れり」（第二次第、第五三偈）

「その時、虚空中に胡麻の如く遍満せる勝者（仏）たちは、弾指《たんじ》［指を弾いて音を出し、警告］しつつ、異口同音に、仏子［＝釈迦牟尼］に語れり」（第二次第、第五四偈）

「この禅定は清浄ならず。これによりては目的はかなわず。汝は、虚空の奥底に等しき、至高の光明（プラバースヴァラ）を観じ、」（第二次第、第五五偈）

「光明の境地を得たる後、望みの身を生ずべし。その時、汝は一切に自在を得て、金剛の身を歓喜すべし」（第二次第、第五六偈）

「かくの如き声を聞きたる仏子は、アースパーナカを捨てて、中夜分《ちゅうやぶん》に真実を目のあたりにせり」（第二次第、第五七偈）

「身体が真正にあらず、また不正にもあらず、摂食にあらず断食にもあらず、沈黙［の行］にもあらず、沈黙せざるにもあらず、」（第二次第、第五八偈）

「麗しき眼を開くにあらず、閉じるにもあらずして、自性清浄《じしょうしょうじょう》にして、明瞭なる大いなる智慧、はなはだ奇特なる一切空。その時、彼は、師の恩恵によりて、それを明瞭に見たり」（第二次第、第五九偈）

「未来と過去、そして現在の三界を、その刹那に余すところなく、清浄なる光明を有するものと見るであろう」（第二次第、第六〇偈）

「水月と陽炎などの幻影の徳相に飾られ、暁の薄暮の頃に、金剛喩定《こんごうゆじょう》により、菩提樹に坐しつつ彼（＝釈迦牟尼）は、魔をうち破れり」（第二次第、第六一偈）

「釈尊が、無上なる真実の智を獲得するや、三界［の衆生］を利せんがため、まさにここ（＝世界）にそを開示せり。現等覚《げんとうがく》の知見［悟りにおいて覚知したこと］をば、真実智とは名づけたり」（第二次第、第六二偈）

このように『パンチャクラマ』は、初期大乗経典『ラリタヴィスタラ』を引用する形で、《ナイランジャナー河のほとり》、つまりブッダガヤにおけるブッダの成道に言及している。しかしその内容は『ラリタヴィスタラ』とは全く異なり、むしろ本書第九章で見た『初会金剛頂経』の五相成身観《ごそうじょうじんかん》に近いものとなっている。

そしてここで注目されるのは、「大空」と呼ばれるアースパーナカ・サマーディが清浄でないのに対し、「一切空」と呼ばれる「光明」（プラバースヴァラ）は最高の境地であり、ブッダはこれによって成仏したとされる点である。

つまり『秘密集会』聖者流は、『ラリタヴィスタラ』の十二因縁の順観と逆観、『金剛頂経』の五相成身観に対して、「一切空」と呼ばれる「光明」を体験することこそ、ブッダの成仏の因であるとしたのである。

「第二次第」は、右に引用した第五八偈以下で、「一切空」と呼ばれる「光明」について、その特相を記述している。しかしこれらは、いずれも「光明」が、真正と不正、摂食と断食などの、対立する概念を超越したものだと説くのみで、「光明」について積極的に何かを定義するものではなかった。

そして『パンチャクラマ』では、この「光明」を実際に体験するのが④楽現覚（光明）次第である。ところが「光明」はブッダの法身と同じく、あらゆる二元対立を超えた究極的真理ではあるが、それだけでは衆生救済の働きがない。そこで「光明の境地を得たる後、望みの身を生ずべし」とあるように、現実世界に現れて衆生を救済する幻のような身体＝「幻身」が立てられ、⑤双入次第において勝義諦である「光明」と世俗諦である「幻身」の双入が完成して、成仏するとされた。

4 インド後期密教の生理学説

究竟次第の理解には、後期密教独自の生理学説の知識が必要不可欠である。そこで本節では、究竟次第の理論的基礎となっている生理学説、とくにチャクラと脈管（ナーディー）の観念を紹介しよう。

インドの後期密教では、人体に生理活動のセンターとして四つのチャクラ（輪）と三つの脈管を設定する「四輪三脈説」が有力になった。それによれば、我々の身体には脊髄《せきずい》に並行してアヴァドゥーティーという中央脈管が走っている。またその左右には、ラランナーとラサナーと称される脈管が並行して走っている。これら三脈管は並走しているが、上端と下端において接合しており、途中の四箇所でも接合している。これがチャクラである。

チャクラとは「輪」の意で、仏教のみならず、ヒンドゥー教、ジャイナ教のタントラで、身体に設定される特殊な器官である。ナーディーと呼ばれる脈管とともに、生理学的なヨーガ実践の基礎をなす。

仏教では、『大日経』が、身体の五処に五大の輪（チャクラ）を布置する「五字厳身観《ごじごんしんかん》」を説くのが、最も早い言及と思われる。しかしこの段階では、いまだ生理学的ヨーガは説かれていない。これに対して九世紀に成立した『ヘーヴァジュラ・タントラ』は臍に変化輪《へんげ》、心臓に法輪、喉に受用輪《じゅゆう》、眉間に大楽輪の四つのチャクラを説き、これが仏教の定説となった（表1参照）。

しかしサンヴァラ系には、三脈管が接合する生殖器の基底部に第五のチャクラを設定する説が見られ、インド密教最後の『時輪《じりん》タントラ』では、ヒンドゥーのタントラと同じく、頭頂部にもチャクラを設定する。さらに『時輪』では、三脈管は心臓のチャクラで交叉して左右が入れ替わるとする。そのため『時輪』の生理学説は、「六輪六脈説」となる。

脈管の内容物については諸説あるが、『秘密集会』聖者流では、中央脈管は中空であり、他

表1　四輪・四歓喜と四刹那の対応関係

四　輪	部位	形　状	三身	四　歓　喜	四　刹　那
大楽輪	頭頂	三二弁		④倶生歓喜	④離相（ヴィラクシャナ）
受用輪	喉	一六弁	報身	③離喜歓喜	③摩擦（ヴィマルダ）
法輪	心臓	八弁	法身	②最勝歓喜	②異熟（ヴィパーカ）
変化輪	臍	六四弁	応身	①歓　　喜	①種々（ヴィチトラ）

後期密教では、人体の生理活動のセンターとして「チャクラ」の理論が成立し、生理学的ヨーガも、これに基づいて行われるようになった。

上には『ヘーヴァジュラ・タントラ』の所説に基づき、四つのチャクラの概要を示したが、その部位や形状については、タントラ間で微妙な相違が見られる。また『ヘーヴァジュラ』Ⅱ,iv,51-52によれば、大楽輪に相当する仏身はないが、後には大楽輪に相当する、清浄身あるいは倶生身が立てられるようになった。

の二つの脈管には「風」（プラーナ）と称される生命気が流れるとする。

この時、行者が特殊な技法を用いて、チャクラにおける脈管の接合箇所を緩め、「風」を中央脈管に流し込めば、生命活動が収束し、様々な神秘体験が得られるというのが、『秘密集会』系究竟次第の基礎理論となっている。

これに対して代表的な母タントラである『ヘーヴァジュラ』「第一儀軌」第一章では、ララナーには精液、ラサナーには血液が流れ、中央脈管には赤白の菩提心つまり両者の混合物が流れると説いている。これに対して『サンヴァローダヤ』「第七品」では、中央脈管には精液、左右脈管には尿と血液が流れると説く。さらに『時輪』では、上半身では右脈管に血液、左脈管に精液、中央脈管に「風」、下半身では右脈管に大便、左脈管に尿、中央脈管には精液が流れるとしている。

いっぽうチャクラの形状と名称については、『ヘーヴァジュラ』と『サンヴァローダヤ』の所説はほぼ一致しており、眉間のチャクラは三二葉の弁を有して大楽輪と名づけられ、喉のチャクラは一六弁で受用輪、心臓のチャクラは八弁で法輪、臍のチャクラは六四弁で変化輪と呼ばれている（写真1）。

後期密教の理論では、四つのチャクラは単なる脈管の結節点ではなく、人間の生理活動のセンターと考えられた。例えば、法輪は精神活動を司り、熟睡時つまりノンレム睡眠時に活動が盛んになる。大楽輪は身体活動を司り、覚醒時に活動が盛んになる。受用輪は言語活動を司り、夢を見ている時つまりレム睡眠時に活動が盛んになる。変化輪は生殖活動を司り、性交時に活動が盛んになるといわれる。

またこれらのチャクラは、地水火風の四大や、如来の四身、曼荼羅を構成する四仏にも対応すると考えられた。

5　究竟次第

究竟次第は、後期密教の実践階梯二次第の第二である。生起次第は日本密教とも共通する点が多く、理解も容易であるのに対し、究竟次第は後期密教独自の修道体系であり、仏教の通念

写真１　チャクラの図（ネパール）

では理解できない点が多い。

究竟次第の実修方法は、タントラにより、宗派により、流儀により、かなりの相違が認められる。二三の主要テキストや概説書、海外在住のインフォーマントからの情報のみに基づく研究では、全体像をつかむことが難しいのが実情である。

なおチベット仏教の通説では、『秘密集会』等の父タントラの究竟次第は「空」を中心とするのに対し、『ヘーヴァジュラ』『サンヴァラ』等の母タントラは「楽」を中心とするといわれる。これは父タントラ系では、「風」（プラーナ）の中央脈管への流入によって人間の死と再生のプロセスを仮想体験するヨーガが中心となるのに対し、母タントラ系では、中央脈管を流れる菩提心を上昇させることにより、性快感を極大まで高めるヨーガが中心となることを意味している。

母タントラ系の「楽」においては、下のチャクラで発生した低級の快感が次第に上のチャクラに波及し、四歓喜《しかんぎ》という四段階に高められるとするのが定説だが、逆に上部のチャクラで発生した楽が、下部のチャクラへ下降すると考える説もあった。

そこでチベットの密教家は、下から快感が上昇する方軌を「下から堅固になる四歓喜」（メーテンギ・ガワシ）と称し、上から快感が下降する方軌は「上から降りる四歓喜」（イェーバプキ・ガワシ）と呼んで区別した。これに対して『時輪タントラ』は、白い菩提心つまり精液は生殖器から上昇するのに対し、赤い菩提心つまり血液は頭頂から下方のチャクラに下降すると説いて、両説の折衷を図っている。

そしてヨーガの深まりに対応して「空」には①顕明（空）②顕明増輝（極空）③顕明近得（大空）の三顕現と④光明（一切空）の四空、「楽」には①歓喜②最勝歓喜③離喜歓喜④倶《く》生《しょう》歓喜の四歓喜を立てるのが通説となった。なお四歓喜説は、最初期の母タントラ『サマーヨーガ』には明確に説かれないが、その第一章第三偈に説かれる「貪にあらず、離貪にあらず、その中間にも得べからず」という半偈が、後には四歓喜を説いたものと見なされるようになった。また四空と四歓喜の対応関係や、両者が同一なのか別なのかについても意見の一致を見ていない（表2参照）。

6　本章のまとめ

それでは本章の内容をまとめてみよう。

後期密教の修道階梯は、生起次第と究竟次第に大別できる。

このうち生起次第は、これまでのインド密教で徐々に形成されてきた曼荼羅の生起（生成過程の観想）に性的要素を加えたものと考えられる。

これに対して究竟次第は、後期密教独自の生理学説に基づいたヨーガにより、人工的に神秘

表2　四歓喜と四空の対応関係

	四　歓　喜	四　空（聖者流）	大印明点タントラ
貪　　欲	②最勝歓喜	②顕明増輝（極空）	②顕明増輝（極空）
離　　貪	③離喜歓喜	①顕明（空）	③顕明近得（大空）
中　　間	①歓　　喜	③顕明近得（大空）	①顕明（空）
中間にも得べからず	④倶生歓喜	④光明（一切空）	④光明（一切空）

後期密教では、父母両タントラの実践階梯を統合する過程で、母タントラの「四歓喜」と父タントラの「四空」はパラレルであるという思想が成立した。

しかし「貪欲にあらず、離貪にあらず、中間にも得べからず」という偈を媒介とした統合説と、『大印明点タントラ』の解釈には相違が見られる。

体験を作り出し、この一生のうちに成仏することを目指す修道階梯である。

究竟次第の内容は、タントラや流儀により、かなりの相違が認められるが、父タントラ系では人間の死と再生のプロセスを仮想体験する「空」、母タントラでは性快感を極大まで高める「楽」が中心となっており、父母両タントラが目指す楽空の統合が、後期密教の最大の課題となった。

なお本章は、インド密教史の概説として紙数に制約があるため、二次第の詳細については述べることができなかった。詳しくは拙著『性と死の密教』および『図説　チベット密教』（ともに春秋社）の「儀礼・実践篇」を見られたい。

第十四章　母タントラの成立と展開

1　中世インドの母天信仰

中世インドでは、主要なヒンドゥー教神の妃を、夫である男性神の精力（シャクティ）の現れとして信仰するシャクティ信仰が盛んになった。そして彼女たちは「母なる女神」という意味でマートリあるいはマートリカーと呼ばれ、漢訳仏典では、これを「母天《もてん》」と訳した。主要なマートリカーはまとめられ、七母天《しちもてん》あるいは八母天と数えられた。これらのマートリカーの像は、中世インドを通じて多数の出土例があり、広く信仰を集めていたことが分かる（写真1）。仏教では、『大日経』に七母天、『理趣広経《りしゅこうきょう》』に八母天が説かれ、中期密教の時代から母天信仰が導入されたことが分かる。

しかし母天信仰には、女神に生贄を捧げ、その生き血を供えるなど、仏教とは相容れない要素が数多く含まれていた。そこで仏教では、彼女たちを調伏《ちょうぶく》し、仏の教えに従わせる必要が

写真１　七母天（インド国立博物館）

生じた。
『初会《しょえ》金剛頂経』の「降三世《ごうざんぜ》品」では、金剛薩埵《こんごうさった》が降三世明王を示現して、シヴァ神をはじめとする主要なヒンドゥー教神を調伏した後、ヘールカの真言が説かれ、ヒンドゥー教神の妃である女神たちが調伏される。この時、調伏されたヒンドゥー教神は、シヴァ・ヴィシュヌなどの最高神クラスの神々（三界主《さんがいしゅ》）など二〇尊が、その居住する空間にしたがって五種に分類されるので、金剛界二十天あるいは五類諸天と呼ばれ、曼荼羅の外院の四方と四門に描かれることになった。

日本の金剛界曼荼羅では、二十天の妃は描かれないが、神々と神々の間に描かれた金剛杵《こんごうしょ》が、二十天の妃である母天を象徴するといわれる。これに対してインド領ラダック・アルチ寺の降三世大曼荼羅には、男性の二十天の隣に、夫の男性神とほぼ同じ姿の二十天の妃、二十天后《にじゅってんごう》が描かれている（第九章写真1）。

そして後期密教の時代に入ると、母天を調伏する役割を担っていたヘールカが爆発的に発展し、母タントラと呼ばれる一連の密教聖典の主尊となる。本書第十一章で取り上げたチベット仏教ニンマ派の忿怒五十八尊では、内院に仏・金剛・宝・蓮華・羯磨の五部ヘールカと、その眷属が描かれるが、外院にはワンチュクマと呼ばれる二八人の女神たちが配される。その構成を分析すると、『初会金剛頂経』「降三世品」に説かれた二十天后に、さらに八尊を加えたものであることが分かる（表1・写真2）。

このように仏教では、ヒンドゥー教で女神信仰が盛んになると、彼女たちを調伏し、仏の教えに従わせるための儀礼や、曼荼羅が製作されるようになり、そこからヒンドゥー教のシャクティ信仰を大胆に取り入れた母タントラと呼ばれる聖典群が成立したと考えられる。

2　『サマーヨーガ・タントラ』

代表的な母タントラとされる『サンヴァラ・タントラ』の名は、八世紀から九世紀初頭にかけて成立した比較的初期の後期密教文献にも、しきりと言及されている。そこで欧米の研究者を中心に、『サンヴァラ』の成立を八世紀後半にまで上げる見解が提出された。

ところが日本の複数の研究者が、初期の後期密教文献に見られる『サンヴァラ・タントラ』からの引用を検討したところ、これらのほとんどは『ラグサンヴァラ』や『サンヴァローダヤ』などの、現行のサンヴァラ系タントラには一致せず、チベット訳のみが伝存していた『サルヴァブッダ・サマーヨーガ・ダーキニージャーラ・サンヴァラ』*Sarvabuddha-*

表１　二十八ワンチュクマと『初会金剛頂経』二十天后

	ワンチュクマ	チベット尊名	金剛界二十天后	金剛界二十天
東方	1. 赤い羅刹女	Srin mo dmar mo		
	2. 梵天后	Tshaṅs mo	③梵天后	③梵天
	3. 自在天后	lHa chen/'Khrug mo	烏摩后	大自在天
	4. 毘紐后	gTogs 'dod/'Jug sred mo	①銀色天后	①那羅延天
	5. 童子天后	gŹon nu ma	②沙瑟恥天后	②童子天
	6. 帝釈天后	brGya sbyin/dBaṅ mo	④帝釈天后	④帝釈天
南方	7. 金剛氷揭羅母	rDo rje ser mo/dMar ser mo	⑧惹多訶哩尼母	⑧氷誐羅
	8. 寂静母	Źi ba mo	⑬寂静母	⑬守蔵
	9. 甘露母	bDud rtsi mo	⑤甘露母	⑤甘露軍荼利
	10. 月母	Zla ba mo/Źi ba mo	⑥噜呬尼母	⑥月天
	11. 持杖母	Be con mo	⑦持杖母	⑦大勝杖
	12. 黄黒色羅刹女	Srin mo ser nag		
西方	13. 呑伏母	Za ba mo	⑲呑伏母	⑲作甘露
	14. 歓喜母	dGa' ba mo/gCig pur spyod ma	⑫那羅爹母	⑫持勝
	15. 大力母	sTobs chen/Khrag 'thuṅ myos ma	⑨摩哩尼母	⑨末度末多
	16. 赤い羅刹女	Srin mo dmar mo		
	17. 嚩舎那母	Yid 'phrog ma/'dod pa	⑪嚩舎那母	⑪最勝
	18. 守財母	Nor sruṅ/Gru mo	⑯俱尾梨母？	⑯俱尾囉
北方	19. 風母	Rluṅ mo	⑭風母	⑭風天
	20. 火母	Me mo	⑮火母	⑮火天
	21. 嚩囉曳母	Phag mo	⑰嚩囉曳	⑰嚩囉賀
	22. 左捫尼母	rGan byed mo	⑱左捫尼	⑱焔摩天
	23. 親那那娑母	sNa chad mo	⑲親那那娑	⑲毘那夜迦天
	24. 水天母	Chu lha mo	⑳水母	⑳水天
四門	25. 郭公頭女	Nag mo chen mo		
	26. 山羊頭女	Ra mgo dmar ser chen mo		
	27. 獅子面女	sṄo nag chen mo		
	28. 蛇頭女	gSus 'dzin ser nag chen mo		

写真２　忿怒五十八尊曼荼羅（富山県　利賀《とが》瞑想の郷）

samāyogaḍākinījālasaṃvara（以下『サマーヨーガ』と略）と呼ばれるタントラからの引用であることが明らかになった。

母タントラは、次章で取り上げる『時輪《じりん》タントラ』を除いては、インドで成立した密教聖典の中でも、最も遅れて出現した。したがって日本密教の源流である唐時代の中国密教には、ほとんど知られていなかった。ところが中国に『金剛頂経』系の密教を伝えた不空《ふくう》は、十八会十万頌の『金剛頂経』広本の内容を略述した『十八会指帰《じゅうはちえしいき》』の中で、『金剛頂経』の第九会として、『一切仏集会拏吉尼戒網瑜伽《いっさいぶつしゅうえだきにかいもう》』という経典に言及している。

なお「サルヴァブッダ」は「一切仏」、「サマーヨーガ」は「集会」、「ダーキニージャーラ」は「拏吉尼網」、「サンヴァラ」は「戒」と訳せるので、これは『サマーヨーガ』の正式題名に対応する。このように『サマーヨーガ・タントラ』は、数多い母タントラの中でも、最初期の文献と考えられる。

しかし『サマーヨーガ』にはサンスクリット原典がなく、タントラを構成する偈文も難解であったため、その研究はなかなか進展しなかった。ところがアルロ・グリフィス博士が、フランスのシルヴァン・レヴィ・コレクションから、『サマーヨーガ』のサンスクリット写本（完本ではない）を発見し、二〇一八年にはインドのチベット大学（CIHTS）が、ネパールで発見された別写本に基づくデーヴァナーガリー版のテキストを刊行したことで、謎に包まれていた

『サマーヨーガ』の全容が、しだいに明らかになってきた。

3 『サマーヨーガ・タントラ』の曼荼羅

『サマーヨーガ・タントラ』には、①ヘールカ②毘盧遮那《びるしゃな》③金剛日《こんごうにち》④蓮華舞自在《れんげぶじざい》⑤パラマーシュヴァ⑥金剛薩埵の六族からなる二種の曼荼羅が伝えられている。

その第一はヘールカ族の曼荼羅を中心とし、他の五族の曼荼羅を五方に配するものであり、他の一つは金剛薩埵族の曼荼羅を中心とし、毘盧遮那（東）、ヘールカ（南）、蓮華舞自在（西）、金剛日（北）の四族の曼荼羅を四方、パラマーシュヴァ族の曼荼羅を四隅に配するものである（図1）。

これら六族の曼荼羅は、パラマーシュヴァ族のみが二十三尊、他の五族は二十一尊からなっている。そしてパラマーシュヴァ族は、ヘールカ族の二十一尊に二尊をつけ加えただけであるから、基本的には主尊の周囲に八尊を巡らし、その外側に十二尊を配する二十一尊構成と見ることができる。

このうち金剛薩埵族の曼荼羅は、『理趣広経《りしゅこうきょう》』「真言分」（本書第八章参照）に説かれる金剛薩埵十七尊曼荼羅を改変して作られている。『理趣広経』の十七尊曼荼羅は、『理趣経』の冒頭に説かれる「十七清浄句」と呼ばれる十七の教理命題に、尊格の姿を与えて曼荼羅にしたものである。なお『理趣広経』の曼荼羅は十七尊からなっているが、『サマーヨーガ』では、これに四人の楽器の女神を付加して二十一尊としている。

同様にして毘盧遮那族、ヘールカ族、蓮華舞自在族、金剛日族の曼荼羅は、それぞれ『理趣広経』の如来部、金剛部、蓮華部、摩尼《まに》部（宝部）の曼荼羅に対応している。これに対してパラマーシュヴァ族は、瑜伽タントラや父タントラの羯《かっ》磨《ま》部に相当するが、実際にはヘールカ族

図 1

『サマーヨーガ・タントラ』六族曼荼羅の配置

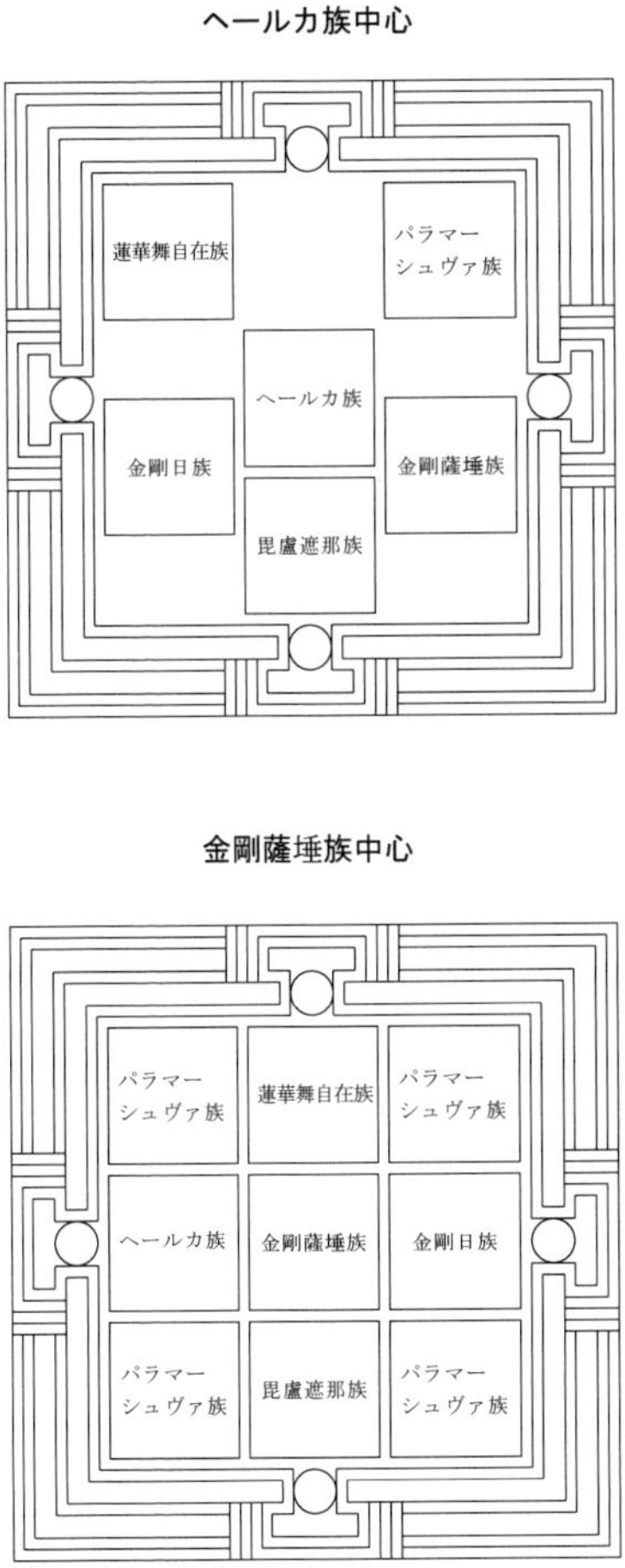

の曼荼羅に二尊をつけ加えただけに過ぎない。これは、『理趣広経』「真言分」では羯磨部が未発達で、如来、金剛、蓮華、宝の四部に、金剛薩埵部を加えて五部としているという事実を反映するものと思われる（図2）。

いっぽう『十八会指帰』を見ると、『一切仏拏吉尼戒網瑜伽』は、『理趣経』系である第六会『大安楽不空三昧耶真実瑜伽《だいあんらくふくうさんまやしんじつゆが》』、第七会『普賢瑜伽』、第八会『勝初瑜伽』の次の第九会とされている。また新たに発見された『サマーヨーガ』のサンスクリット写本から、『理趣広経』との間に多くの共通偈、類似偈が存在することが確認された。このように『サマーヨーガ』が『理趣経』の後を承けるものであることは、複数の事実から確認できる。

なおインドネシア・ジャワ島のスロチョロとポノロゴからは、像高六センチから一〇センチ程度の青銅像セットが出土し、松長恵史博士によって『サマーヨーガ』の金剛薩埵族の立体曼荼羅に同定された。インドネシアからは金剛界の立体曼荼羅も出土しているが、後期密教の立体曼荼羅の出土例は、きわめて稀である。またこの発見によって、『サマーヨーガ』がインド亜大陸だけでなく、かつては東南アジアにも伝播していたことが明らかになった。

4 『ヘーヴァジュラ・タントラ』

このように『サマーヨーガ・タントラ』はヘールカ信仰を導入し、後の母タントラの先駆を

図2

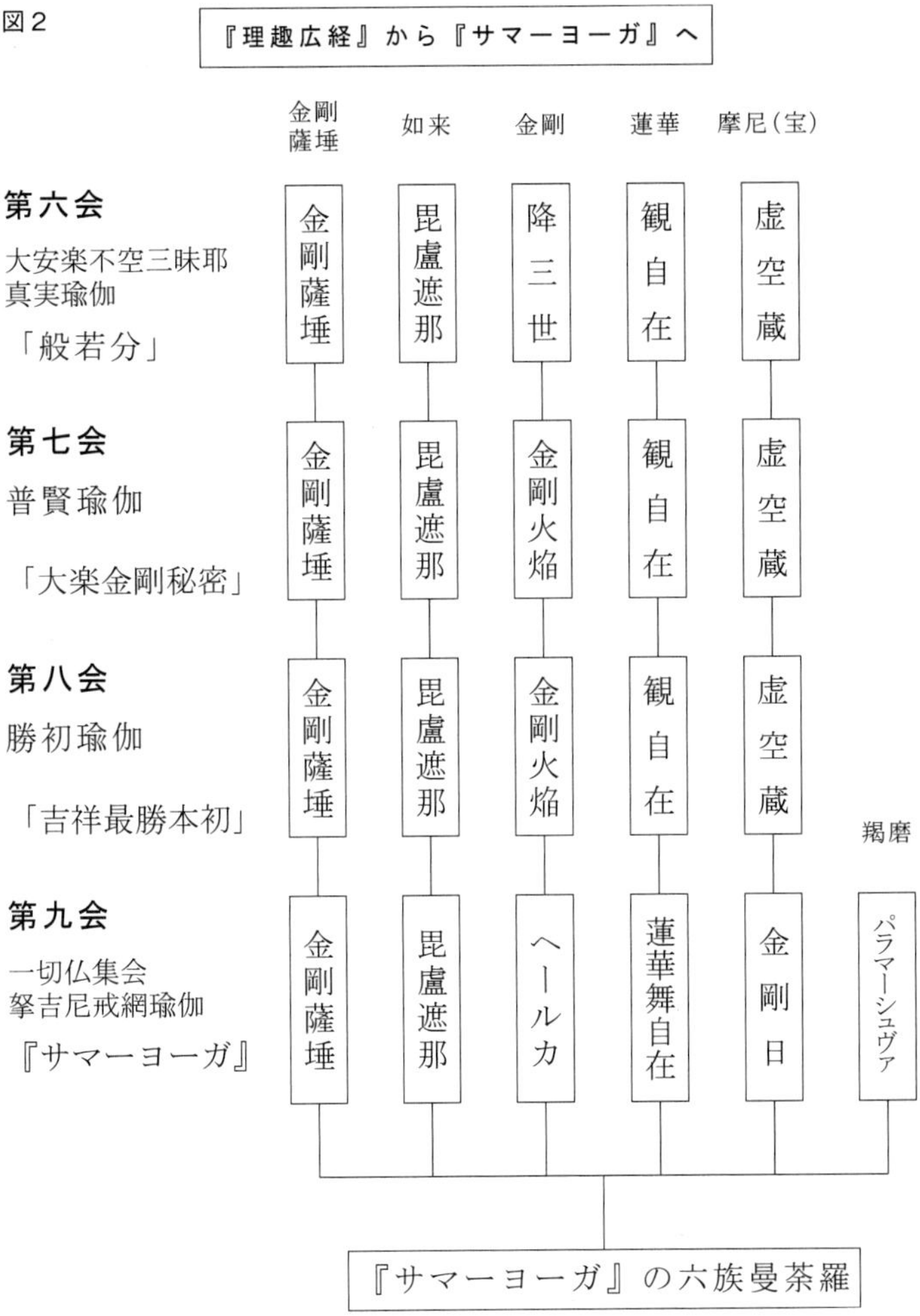
『理趣広経』から『サマーヨーガ』へ
金剛薩埵
如来
金剛
蓮華
摩尼(宝)
羯磨
第六会
大安楽不空三昧耶真実瑜伽
「般若分」
金剛薩埵
毘盧遮那
降三世
観自在
虚空蔵
第七会
普賢瑜伽
「大楽金剛秘密」
金剛薩埵
毘盧遮那
金剛火焔
観自在
虚空蔵
第八会
勝初瑜伽
「吉祥最勝本初」
金剛薩埵
毘盧遮那
金剛火焔
観自在
虚空蔵
第九会
一切仏集会拏吉尼戒網瑜伽
『サマーヨーガ』
金剛薩埵
毘盧遮那
ヘールカ
蓮華舞自在
金剛日
パラマーシュヴァ
『サマーヨーガ』の六族曼荼羅

なす重要なテキストだったが、『秘密集会』が父タントラを代表する聖典としてインド密教を通じて尊重されたのとは異なり、九世紀以後しだいに忘れられ、『ヘーヴァジュラ』や『サンヴァラ』など新たに成立したテキストが、代表的な母タントラと見なされるようになる。そこで以下では、『ヘーヴァジュラ』や『サンヴァラ』を中心に、母タントラを概観することにしたい。

現在『ヘーヴァジュラ・タントラ』として知られるテキストは、五十万頌三〇あるいは三二儀軌からなる根本タントラより、「金剛蔵現等覚」と「幻化儀軌」の、二儀軌二三章を抄出した略出タントラとされている。そこで現存のテキストは、『二儀軌』(ドヴィカルパ)とも呼ばれる。なおインド・チベットの学者の間では、現存のテキストは、三二儀軌の冒頭の二儀軌であると考える説と、末尾の二儀軌であるとする見解があり、決着を見ていない。

スネルグローブ博士は、ネパールで発見されたサンスクリット写本に基づき、本タントラの校訂テキストを刊行した。全体はかなり不規則な韻文で、いくつかの偈はサンスクリット語ではなく、俗語のままである。また全体に、種々の隠語的表現が散りばめられている。『ヘーヴァジュラ』には、性的なものと排泄物に関する隠語が多い。一例を挙げると、ボーラは男性器、カッコーラ(漿果の一種)は女性器を意味している。

また「前述のように」とあるのに、タントラの前には説明が見られないとか、逆に「以前には説かれなかった」とあるのに、前の部分に解説されているなど、全体の構成はかなり粗雑である。インド・チベットの註釈家たちは、これらの問題を、このテキストが五十万頌の根本タントラから略出されたために、齟齬《そご》をきたしたと説明している。

いっぽう漢訳として、法護による『大悲空智《だいひくうち》金剛《こんごう》大教王《だいきょうおう》儀軌経《ぎききょう》』（大正八九二）があるが、中国・日本では流行しなかった。

また続タントラとして『大印明点タントラ』、続々タントラとして『智慧蔵タントラ』がある。また釈タントラの『ヴァジュラパンジャラ・タントラ』（金剛篭タントラ）は、根本タントラを一儀軌に要約したものとされている。

『ヘーヴァジュラ・タントラ』には、一面二臂、一面六臂、三面六臂、八面十六臂四足の四種のヘーヴァジュラが説かれるが、八面十六臂四足像が最もポピュラーで、単にヘーヴァジュラといった場合には、この図像を指す。後期密教とくに母タントラ系は秘密裏に伝授され、その主尊は灌頂を受けていない一般信徒に公開することが禁じられていたので、インドからの出土例は稀だが、ヴィクラマシーラ・オーダンタプリと並んで、パーラ朝三大仏教寺院の一つに数えられたソーマプラ寺院の址とされるバングラデシュのパハルプル遺跡からは、妃を伴う八面十六臂四足のヘーヴァジュラ像が出土している。小像で、通常は厨子に入れて一般人の目に触れないように祀られていたと思われる（写真3）。

写真3　ヘーヴァジュラ（パハルプル出土）

いっぽうヘーヴァジュラの曼荼羅としては、前述の八面十六臂四足像を主尊とする九尊曼荼羅が有名で、チベットでは多数の作例を遺している。

『サマーヨーガ・タントラ』には、①金剛薩埵②毘盧遮那③ヘールカ④蓮華舞自在⑤金剛日⑥パラマーシュヴァの六族が説かれるが、ヘーヴァジュラ九尊曼荼羅は、このうちヘールカ族の曼荼羅の中心部を抽出した構造を示している（図3）。『ヘーヴァジュラ』が母タントラの中でヘールカ族のタントラに分類されるのも、このような理由によると考えられる。そして後の母タントラでは、『サマーヨーガ』の六族の主尊のうち、ヘールカのみが大きく発展することになる。

図3　サマーヨーガとヘーヴァジュラ

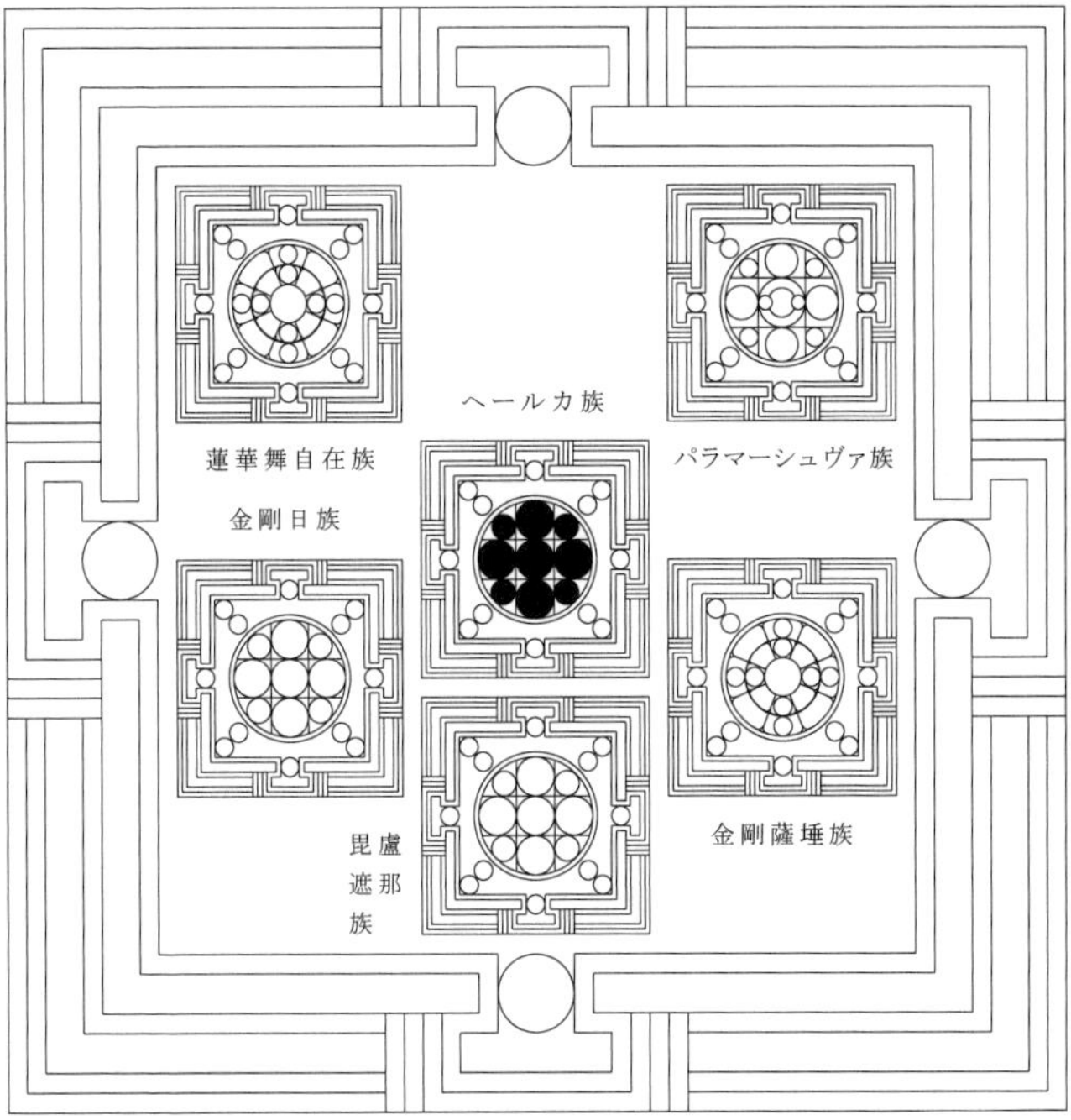

『サマーヨーガタントラ』の曼荼羅(上)は、金剛薩埵、毘盧遮那、ヘールカ、蓮華舞自在、パラマーシュヴァ、金剛日の六族からなっている。これに対して、ヘーヴァジュラ九尊曼荼羅(左)は、『サマーヨーガ』のヘールカ族曼荼羅の中心部に描かれる九尊(黒丸)のみを、取り出した構成を示している。(尊名には若干の異同がある)

『ヘーヴァジュラ』が、母タントラの中で「ヘールカ族」に分類されるのは、このような理由に基づくものと考えられる。

5　『サンヴァラ・タントラ』

これに対して『サンヴァラ・タントラ』は、『ヘーヴァジュラ』と並ぶ代表的な母タントラとされるが、単独のタントラではなく、「サンヴァラ系」Saṃvara cycle と呼ばれる一連の聖典の総称である。

前述のように『サンヴァラ』は、八世紀から九世紀前半に成立した複数の密教文献に言及されるが、そのほとんどは、現存するサンヴァラ系タントラではなく、母タントラの原型と考えられる『サルヴァブッダ・サマーヨーガ・ダーキニージャーラ・サンヴァラ・タントラ』からの引用であることが判明した。この事実から、『サンヴァラ』は最初期の母タントラ『サマーヨーガ』の略称であったが、その後母タントラが発展すると、それを換骨奪胎して新たなテキストが編集され、そちらの方が『サンヴァラ』と呼ばれるようになったことが分かる。

サンヴァラ saṃvara とは、本来「禁戒」を意味する。ところが仏教の故国インド東部では、サ sa とシャ śa の発音が混同されていたので、これが「最高の楽」を意味するシャンヴァラ śaṃvara と通じるようになり、ついには母タントラ系の最高原理を示す術語になったと推定される。チベット語で、サンヴァラが「禁戒」（ドムパ）あるいは「勝楽」（デムチョク）と二通りに訳されるのは、このためである。

仏教では、出家者の性行為を厳禁しており、性行為はまさに「禁戒」の最たるものであった。ところが母タントラは、性エネルギーを用いて涅槃《ねはん》という「最高の楽」を実現するものであったから、サンヴァラと呼ばれたのである。

現在のサンヴァラ系タントラは、十万頌あるいは三十万頌とされる伝説的な根本タントラ、『アビダーナ・タントラ』または『カサマ・タントラ』から略出されたといわれるが、根本タントラは現存しない。その中で『ラグサンヴァラ・タントラ』は、根本タントラから略出された軽タントラ（ラグ・タントラ）を標榜しているが、事実上の根本タントラと見なされる。二〇〇二年にはサールナートのチベット大学（CIHTS）から梵蔵対照テキストが刊行され、サンスクリット原文を参照することが可能になった。

いっぽう『アビダーノッタラ・タントラ』は、根本タントラ『アビダーナ』の続タントラあるいは続々タントラを標榜するが、実際には『ラグサンヴァラ』の続タントラと考えられている。ローケシュチャンドラ博士が、一九八一年にネパールで書写されたサンスクリット写本のオフセット版を刊行している。

また『サンヴァローダヤ・タントラ』は、チベットでは釈タントラとされるが、サンヴァラ系の中で最も基本的なテキストである。津田真一博士は、ネパールで発見されたサンスクリット写本に基づき、三三品のうち一九品の校訂テキストと英訳を発表した。

サンヴァラ系の主尊は、四面十二臂のヘールカで、チベットではチャクラサンヴァラと呼ばれる。インドからも複数の出土例が確認されているが、『秘密集会』の文殊金剛と同じく、その大多数は妃を省略した単独像である（写真4）。この他、サンヴァラ系の釈タントラ『サンヴァローダヤ』には三面六臂像が説かれるが、ポピュラーではない。

サンヴァラ系の曼荼羅としては、四面十二臂のサンヴァラを主尊とする六十二尊曼荼羅が有名である。この曼荼羅は、内側から①大楽輪、②意密輪、③口密輪、④身密輪、⑤三昧耶輪の五層構造をもっている（写真5）。この曼荼羅は『ラグサンヴァラ』の第二章に基づくとされるが、タントラ本文の簡単な記述からは、このような整然とした曼荼羅を構成することはできない。これに対して『サンヴァローダヤ』に説かれる十三尊曼荼羅は、六十二尊曼荼羅から②～④身口意の三密輪を取り去ったもので、省略形態というより、より原初形態に近いと思われる。なお作例的には、チベットでは六十二尊曼荼羅が多くの作例を遺しているが、ネパールでは逆に十三尊曼荼羅の方が普及している。

6　本章のまとめ

それでは本章の内容をまとめてみよう。

中世インドでは女神信仰が盛んになり、女神たちは、ヒンドゥー教の大神の妃であり、夫で

写真４　サンヴァラ（パトナ博物館・ラトナギリ出土、藤田弘基アーカイブス）

写真５　サンヴァラ六十二尊曼荼羅（シェー寺、森一司氏撮影、『ラダック・ザンスカールの仏教壁画』図版164、渡辺出版）

ある大神の精力（シャクティ）の顕現と見なされるようになった。ヒンドゥー教では、これらの女神たち崇拝するシャークタ派が成立し、中世インドで爆発的に流行した。

これらの女神には、しばしば血の供犠が供えられたので、仏教では、これら血に飢えた女神たちを調伏するため、『初会金剛頂経』「降三世品」においてヘールカが説かれた。

そしてこれら女神信仰を取り入れた最初の本格的密教聖典が、『金剛頂経』の第九会とされる『一切仏集会拏吉尼戒網瑜伽』（サマーヨーガ）であった。

そしてインドでは九世紀以後、『サマーヨーガ』の系統が発展して、「母タントラ」と呼ばれる一連の密教聖典が形成された。現在のチベット仏教では、『ヘーヴァジュラ』や『サンヴァラ』が、代表的な母タントラとされている。

第十五章　『時輪タントラ』

1　インド仏教の総決算

本書では、インドの密教を初期・中期・後期に分け、主要な密教聖典を中心に、その歴史的発展を見てきた。最後の後期密教聖典に関しては、第十二章で父タントラ、第十四章で母タントラを取り上げ、その内容を概観した。そしてこの二つの潮流は、一〇世紀から一一世紀にかけて成立した『時輪《じりん》（カーラチャクラ）タントラ』によって統合される。そこで『時輪』は、母タントラの一種に分類されることもあるが、父母両タントラを統合した不二《ふに》タントラとされることも多い。

『時輪タントラ』は、インド仏教史上、最後に現れた聖典であるばかりでなく、いままでの密教のすべてを統合する画期的な体系をもっていた。したがって『時輪』は、一五〇〇年にわたるインド仏教の総決算の地位にあるといっても過言ではない。

『時輪』の存在は、インド後期密教を今日まで伝えるチベットが西洋文明の前に姿を現した頃から、名のみは知られていたが、その内容は長らく秘密のヴェールに包まれていた。全体が極めて難解なうえ、その体系を熟知した権威者は、チベットでもけっして多くはなかったからである。

ところが一九五九年のチベット動乱以後、状況は一変する。インドに亡命したダライラマ一四世が、世界各地に分散したチベット難民のために親修した「時輪の大灌頂」（トゥンコル・ワンチェン）は、この未知の宗教体系に西洋人の注意を喚起するのに十分なパフォーマンスとなった（写真1）。

このようなブームを承けて、海外では『時輪』への関心が高まっている。筆者が一九九四年に『超密教　時輪タントラ』（東方出版）を刊行した時点では、インドのチベット大学（CIHTS）が刊行した大註釈『ヴィマラプラバー』の「世間品」「内品」の校訂テキストしか参照できなかったが、現在では最後の「智慧品」までの校訂本が刊行されている。そこで本章では、これら最新の知見を踏まえて、従来の拙著・拙稿では取り上げなかったトピックを含めて、インド密教最後の体系を概観することにしたい。

写真１　ダライラマ親修の「時輪の大灌頂」

2　『時輪』の成立年代

伝説によると、ブッダは南インドのダーニヤカタカの仏塔、つまりアマラーヴァティー大塔で、『時輪』の根本タントラ『吉祥最勝本初仏《きっしょうさいしょうほんしょぶつ》タントラ』を説いたとされる。そして金剛手の化身とされるシャンバラの王スチャンドラは、これを聴聞して中央アジアの某所にあるとされる本国に帰り、その住民にタントラを講説した（写真2）。

スチャンドラの子孫は七代にわたって、それぞれ一〇〇年ずつシャンバラを統治した。そしてスチャンドラ七世の孫にあたるヤシャス王は、イスラム教が興起し、仏教が危機に瀕することを予見して、末法の衆生のために根本タントラを要約した現行の「ラグタントラ」（軽タントラ）を編集し、シャンバラの人民に、四つのカーストを一つにする金剛灌頂を授けたとされる。そこでヤシャス以後のシャンバラ王は、一切のカーストを一つに「捏ね合わせた」（カルカ）者という意味で、カルキと呼ばれる。

そしてヤシャスの子プンダリーカ王は、この「ラグタントラ」を註解した大註釈『ヴィマラプラバー』（無垢光疏）を著したとされる（写真3）。

いっぽう歴史的な成立年代については、九六七年に『時輪』がシャンバラからインドに請来されたとする説があり、インド密教の権威者アバヤーカラグプタ（一一世紀後半～一二世紀前

写真２　シャンバラ王スチャンドラ

写真3　シャンバラ王ヤシャス（左下）とプンダリーカ（右上）（藤田弘基アーカイブス）

半）の『時輪義入』*Kālacakrāvatāra* に基づくといわれる。しかし、これは『時輪』のインド請来を、チベットに伝来した「火と虚空と大海の年」（一〇二七年）の（干支紀年）一運（六〇年）前に設定したものに過ぎず、実際の成立は一一世紀に入ってからという見方もある。

いっぽう『時輪タントラ』は、インドの伝統的宗教を糾合してイスラム教徒の侵略と対決することを主題の一つとしているが、インドでイスラムの脅威が深刻になるのは、ガズニ朝のスルタン・マフムード（九九八～一〇三〇在位）が、一〇〇一年に北インド遠征を開始してからである。

したがってマフムード遠征前の九六七年に、東インドでイスラム教との対決を主題の一つとする『時輪タントラ』が成立したとは考えにくい。これに対して中央アジアは、すでにイスラム政権の支配下に入っており、仏教は滅亡の危機に瀕していた。したがって『時輪』の成立が、アバヤーカラグプタの言及どおり一〇世紀まで上げられるのなら中央アジア成立説、一一世紀まで下がるようなら、東インド成立説が有利ということになる。

3　『時輪タントラ』の構成

『時輪タントラ』は、「世間品」「内品」「灌頂品」「成就品」「智慧品」（第五品ともいう）の五章からなり、偈頌《げじゅ》はスラグダラー調（一パダ二一音節の四パダで一偈を構成する。各パダの第一～

四、第六、第七、第一四、第一五、第一七、第一八、第二〇、第二一音節は韻律上長く、他は短い）で一〇四七偈とされるが、数え方については異説もある。そのサンスクリット語はかなり不規則で、様々の暗号、隠語的表現が散りばめられているので、タントラ本文のみから内容を把握することは難しい。そこで『時輪』の理解には、前述の大註釈『ヴィマラプラバー』によるのが、伝統的な方法とされている。

『ヴィマラプラバー』によれば、各章の配列は、衆生が居住する器世間（第一章）があるから衆生（第二章）があり、衆生があるから彼らに授ける世間と出世間の灌頂（第三章）があり、世間の灌頂によって世間の成就法（第四章）、出世間の灌頂によって大いなる智慧の成就（第五章）があるからとされている。

4 コスモロジーと曼荼羅

『時輪タントラ』には、「灌頂品」に身口意具足《しんくいぐそく》時輪曼荼羅、「智慧品」に大サンヴァラ曼荼羅と、二種類の曼荼羅が説かれている。このうち身口意具足時輪曼荼羅は、仏の三密を象徴する三重の入れ子構造をもち、すべての曼荼羅の中で最も規模が大きい（写真4）。

『ヴィマラプラバー』が引用する根本タントラの有名な言明、「外界の如きことが、身体にもあり、身体の如きことが、他のところにもある」からも明らかなように、『時輪』の大きな特

写真４　身口意具足時輪曼荼羅（ラジャ寺）

徴の一つに、宇宙をマクロコスモス、人体をミクロコスモスととらえ、両者のパラレルな関係を通して密教の体系を構築することが挙げられる。

そしてこれに引き続く半偈「阿闍梨は、（これら）三種（外と内と別）の曼荼羅を知った後に、曼荼羅を描くべきである」からも明らかなように、身口意具足時輪曼荼羅こそ、このようなマクロコスモスとミクロコスモスの対応を、端的に示したコスモグラムに他ならない。そこで身口意具足時輪曼荼羅の各部分は、須弥山《しゅみせん》世界や人体の各部分に対応するとされている。

身口意具足時輪曼荼羅が、どのように成立したのかについては、拙著『インドにおける曼荼羅の成立と発展』『両界曼荼羅の源流』（ともに春秋社）で詳しく論じたので、ここではその要点のみを述べたい。

まず身口意具足時輪曼荼羅の中心に描かれる意密曼荼羅は、主尊カーラチャクラとヴィシュヴァマーターの父母仏を中心に、周囲には四仏・四仏母《ぶつも》・六大菩薩・六金剛女・四忿怒《ふんぬ》が配される（図1）。このうちカーラチャクラは阿閦《あしゅく》如来、ヴィシュヴァマーターは金剛薩埵の化身とされる。つまり意密曼荼羅の構造は、先行する『秘密集会タントラ』とくにジュニャーナパーダ流に近いものとなっている。時輪曼荼羅の諸尊は、『金剛頂経』の五部に金剛薩埵部を加えた六部に配当されている。

本書第七章で見たように、金剛界曼荼羅では五仏を中央と東南西北に配して、画面の上下左右完全対称を実現した。ところが五部が六部に増広されると、上下左右完全対象を維持するのは困難になる。そこで母タントラの曼荼羅では、大きな楼閣の中に六つの小さな曼荼羅を描くなど、六部に増広された体系を、方形の曼荼羅の中に収めるのに苦心してきた。ところが身口意具足時輪曼荼羅では、四方に四仏を描くいっぽう、阿閦如来の化身カーラチャクラと金剛薩埵の化身ヴィシュヴァマーターを父母仏として中央に描くことで、この問題を見事に解決したのである。

いっぽう五仏の方位配当と身色は、従来の曼荼羅とは大きく異なり、カーラチャクラ＝阿閦（中央・青）、不空成就《ふくうじょうじゅ》（東・黒）、宝生《ほうしょう》（南・赤）、毘盧遮那（西・黄）、阿弥陀（北・白）とな

図１　意密曼荼羅の配置図

っている。これは身口意具足時輪曼荼羅の四方の塗り分けを、「世間品」に説かれる須弥山世界の色彩と形状に一致させるための改変である。

いっぽう身口意具足時輪曼荼羅の三重曼荼羅の一辺の比は、内側から１：２：４になっている。これは須弥山《しゅみせん》世界の基底部を構成する地輪・水輪・風輪の直径の比に対応する。

このように『時輪タントラ』は、『秘密集会』の曼荼羅理論を取り入れながら、五仏の身色と配置を大胆に変更することで、コスモロジーと曼荼羅の完全なる統合を実現したのである。

5 『時輪』の大灌頂

『時輪タントラ』の「灌頂品」には、『時輪』独特の灌頂体系が説かれている。

密教の入門儀礼としての灌頂は、『初会金剛頂経』に説かれるが、これは一般信徒を密教に引き入れるための「入壇」と呼ばれる儀礼で、日本密教の術語では結縁《けちえん》灌頂に相当する。これに対して『大日経』や『理趣広経』には、密教を伝える阿闍梨《あじゃり》の資格を付与する学修灌頂や伝法灌頂に相当する阿闍梨《あじゃり》灌頂が説かれる。

これに対して『秘密集会』の続タントラには、①瓶《びょう》灌頂②秘密灌頂③般若智灌頂④第四灌頂の四灌頂が説かれ、後期密教の灌頂体系が確立した。このうち①瓶灌頂は、『大日経』や『理趣広経』などの中期密教の灌頂を継承するもので、生起次第の実修を許可するものとされる。これに対して②秘密灌頂と③般若智灌頂は、性的な要素を含む後期密教独特の灌頂で、究竟次第の実修を許可するものと位置づけられる。これに対して④第四灌頂は、密教の究極の真理を伝授する「言葉のみによる」灌頂とされ、④第四灌頂を受けなければ、生起・究竟の二次第を実修しても、弟子に授ける阿闍梨にはなれないとされていた。

これに対して『時輪』では世間灌頂と出世間灌頂の二つを立て、世間灌頂には七種、出世間灌頂には四種があるとする（表1参照）。このうち世間の七灌頂は、中期密教の阿闍梨灌頂に相当し、生起次第の実修を許可するものとされる。これに対して出世間の四灌頂は、名目の上では『秘密集会』の四灌頂と同じで、究竟次第の実修を許可するものとされている。しかし『秘密集会』の①瓶灌頂が中期密教系の灌頂を継承するものだったのに対し、『時輪』では、中期密教の灌頂を世間灌頂として別立したため、それとは異なる次第が瓶灌頂と呼ばれている。

なおこのように中期密教系の阿闍梨灌頂の後に『秘密集会』の四灌頂を置く説は、『ヘーヴァジュラ』の釈タントラとされる『ヴァジュラパンジャラ』に出ることが分かった。ところが『時輪』では世間灌頂と出世間灌頂を別立し、世間灌頂を広く一般信徒に開放するという方軌をとった。インドに亡命したダライラマ一四世が世界各地で親修した「時輪の大灌頂」は、『時輪』の世間灌頂を、僧俗を問わず広く一般信徒に授けるマスプロ灌頂で、他の後期密教聖典にはない独特の宗教儀礼といえる。

表１　『時輪』の灌頂体系

中期密教	『秘密集会』	『ヴァジュラパンジャラ』	『時輪タントラ』	
入　壇	(1)瓶 灌 頂	(1)水灌頂	①水灌頂	世間の七灌頂
瓶灌頂				
宝冠灌頂		(2)宝　冠	②宝　冠	
繒綵灌頂			③繒　綵	
金剛杵授与		(3)金剛杵	④杵　鈴	
尊主灌頂		(4)尊　主	⑤尊　主	
金剛名授与		(5)金剛名	⑥金剛名	
		(6)等正覚	⑦許　可	
		(7)瓶灌頂	1)瓶灌頂	出世間の四灌頂
次第から見た灌頂の対応関係	(2)秘密灌頂	(8)秘密灌頂	2)秘密	
	(3)般若智	(9)般若智	3)般若智	
	(4)第四灌頂	(10)第四灌頂	4)第四	

これは『時輪』が、イスラム教の興起により仏教が危機に瀕することを予見し、インドの伝統宗教を糾合して一つのカーストに統合するという、仏教としては珍しく一種の政治的スローガンを掲げていたことと無関係ではない。

そして現在、『時輪』の大灌頂は、チベット動乱によって本国を追われたチベット仏教の指導者が、自らの宗教を弘める最大のイベントとなっている。いっぽう中国のチベット仏教圏でも、先代のパンチェンラマやラブランのクンタンラマ、ラジャのツォリ・リンポチェなどの仏教指導者が、『時輪』の大灌頂を親修している。

6 最高の不変大楽とは何か?

最後に『時輪タントラ』の教理について、簡単に見ることにしたい。『時輪』の思想面は、主として最後の「智慧品」に説かれている。大註釈『ヴィマラプラバー』によれば、「智慧品」には四つのトピックがあるが、第三の「最高の不変大楽を成就する大略集」は、「智慧品」の第一二七偈のみを註釈するに過ぎないのに、二六一偈からなる「智慧品」註の、ほぼ四分の一の紙数を占めている。

それではここで明らかにされる「最高の不変大楽」(パラマークシャラ・スカ)とは、いったい何を意味するものなのだろうか? これこそ、『時輪』の究竟次第において成就すべき最高の境地に他ならない。

そこで、本節では『ヴィマラプラバー』「智慧品」注解によりながら、「最高の不変大楽」の内容を概観することにしたい。

この部分は問答形式で論述が展開されるが、チベットにおける『時輪』の権威者プトゥン（一二九〇～一三六四）によると、全体は大きく三つのトピックに分けられる。

その第一は分別修習《ふんべつしゅうじゅう》では、成仏できないというものである。なお分別修習というのは、曼荼羅の諸尊に「蘊《うん》・界《かい》・処《しょ》」などの教理概念を配当する、段階的な生起次第の修習を意味している。

これは、密教の長い歴史の中で発展してきた曼荼羅の観想が、成仏には結びつかないという、非常にラジカルな主張を含んでいる。それならば従来の密教で、曼荼羅の観想が成仏の因とされ、また『時輪』でも、巨大な砂曼荼羅の製作をともなう「大灌頂」をなぜ行う必要があるのかという疑問が出てくる。

これに対して『ヴィマラプラバー』は、生起次第系の曼荼羅の段階的観想は、世間的な悉地《しつじ》（宗教的成就）をもたらすが、それだけでは成仏できないと主張する。

第二のトピックは、分別がないといっても、失神と同じような「断空」では成仏できない。単なる無念無想で成仏できるのなら、衆生は熟睡時には意識がなくなるから、すべてが熟睡時に成仏することになってしまう。

つぎに如来の智慧は、感覚器官を超えた自覚智であることを論じる。もし如来の智慧が自覚智であるなら、どうして仏は「一切法は無自性《むじしょう》である」と説いたのかという問いに対しては、如来の智慧は一切の存在に固有の本性がないことを覚らせるものであり、熟睡時の意識のように一切を無化するものではないと答えている。

いっぽう第三のトピックは、性快感は輪廻《りんね》の因であるから、これを捨離して不変の大楽を修すべしというものである。

本書第十三章で見たように、母タントラは性エネルギーを修行に利用する生理学的ヨーガを導入し、その実修を許可するものとして②秘密灌頂と③般若智灌頂を立てた。そして『秘密集会』続タントラは、④第四灌頂について「第四もまたかくの如し」と説いたため、第三の般若智灌頂と第四灌頂の内容は同一であるという解釈が生じた。これに対して『ヴィマラプラバー』は、第三灌頂で体験される楽は変移性の楽（クシャラスカ）であり、第四灌頂において説示される不変大楽（アクシャラスカ）とは別であると力説する。

また射精が輪廻の因であるなら、ブッダはどうして（輪廻を断ずる）十二因縁を説いたのかと問い、射精に伴う変移性の楽こそ輪廻の原因であり、それが（十二因縁の第一支である）無明《むみょう》に他ならない。そして最高の不変大楽によって変移性の楽を断じることにより、輪廻を断じると述べている。

そして根本タントラとラグタントラによって、五種と六種の不変を説く。これらは『時輪』の基本をなす、地水火風空の五部と、これに智を加えた六部に対応している。そして、このような「不変大楽」を成就する方法は、究竟次第系のヨーガによって脈管を浄化した後、中央脈管にビンドゥ（滴）を二万一六〇〇滴充満させる「菩提心の積聚《しゃくじゅ》」であるという。

なおチベット仏教、とくにゲルク派の解釈では、「菩提心の積聚」によって仏に変容した行者の身体を「空色身」（トンスク）と呼び、これと「最高の不変大楽」との双運を、『カーラチャクラ』の実践階梯における究極の位としている。

この「空色身」と「最高の不変大楽」は、しばしば『秘密集会』聖者流における幻身と光明の双入（本書第十三章参照）に比せられる。

ところが『ヴィマラプラバー』は、この「空色身」について多くを語っていない。サンスクリット原典によって、その原語が「シューンヤター・ビンバ」（空性の影像）であることが分かったが、「智慧品」の四分の一を費やす「最高の不変大楽」の解説に比して、その扱いは、はるかに小さいといわざるをえない。

なお高野山の密教学を近代化した栂尾祥雲は『理趣経の研究』において、『時輪』の本初仏（アーディブッダ）の観念が、衆生救済のために永遠に涅槃に入らない『理趣経』の金剛薩埵から発展したことを指摘した。しかし『ヴィマラプラバー』が『理趣経』を引用することはなく、『時輪』がどこから本初仏を着想したのかが分からなかった。

ところが著者が『理趣広経』を調べたところ、金剛薩埵が「最高の不変」(パラマークシャラ)と呼ばれていることを発見した。しかもこの偈は、中期密教の灌頂を経て、後期密教まで伝えられていることが分かった。つまり『理趣経』の大楽金剛薩埵と、『時輪』の「最高の不変大楽」が関連することが初めて分かったのである。

7 本章のまとめ

それでは本章の内容をまとめてみよう。

『時輪タントラ』はインドで最後に成立した密教聖典で、インド仏教の総決算の地位にある。その成立年代は一〇世紀末から一一世紀前半と考えられる。

『時輪タントラ』は、これまでの『初会金剛頂経』以後の密教が五部立てだったのに対して、金剛薩埵部を加えた六部を説いており、これに地水火風空に智を加えた六大を配当する。そして六部の諸尊から構成される身口意具足時輪曼荼羅という、巨大なコスモグラムを説いた。

『時輪タントラ』は、生起次第の実修を許可する世間灌頂を広く一般に開放し、イスラム教に対抗するために教線の拡張を目指した。

『時輪』の究竟次第で成就される「最高の不変大楽」は、母タントラ系の「楽」と呼ばれる生理学的ヨーガを基本として、それを教理的に発展させたものである。

なお本章は、インド密教史の概説として紙数に制約があるため、『時輪タントラ』の各教理については詳しく述べることができなかった。詳しくは拙著『超密教　時輪タントラ』（東方出版）および立川武蔵・頼富本宏編『シリーズ密教1　インド密教』所収の拙稿「『時輪タントラ』——最高の不変大楽とは何か」と、松長有慶編『インド後期密教』（ともに春秋社）所収の「カーラチャクラ・タントラ」を見られたい。

あとがき

第一章「はじめに」で記したように、本書は、東洋大学大学院で講じている「インド密教史」の教科書として企画され、二〇二三年からは、本務先の東方学院でも教科書として採用することを予定している。ただし高野山大学通信制等、曼荼羅に特化した講義については、引き続き『両界曼荼羅の源流』（春秋社）を使用したいと考えている。

これまで著者は、毎年のようにインド・チベット・ネパールや周辺地域を訪ねて、密教と仏教美術の調査を行ってきた。ところが二〇〇八年にチベットで大暴動が発生し、それ以後はチベット自治区で調査を行うことができなくなった。そこで中国内地に編入されたチベット仏教圏やインド・ネパールなどで調査を続けてきたが、二〇二〇年以後は新型コロナ・ウィルスの世界的流行により、それも不可能になってしまった。

そこで著者は、これまでに蒐集した資料の整理や、以前に着手したものの中断していた研究を再開し、『藤田弘基アーカイブス　仏教美術遺作写真データベース』（渡辺出版）、『仏菩薩の名前からわかる大乗仏典の成立』（春秋社）、『蔵漢対照　大悲心陀羅尼経』（渡辺出版）などの編著書を完成させることができた。そして本書は、これまで発表してきた六〇冊以上の著書、一三〇篇以上の論文の総集編ともいうべきものと位置づけている。

著者もすでに齢六七となり、七〇歳定年の大学でも僅かに三年を残すのみとなってしまった。したがって本書は、著者の人生の中でも、大学の教科書として書かれた最後の著書ということになる。

本書でも述べたように、従来のインド密教史は、日本密教の根幹をなす『大日経』『金剛頂経』の成立をもって終わっているものが多く、『大日経』『金剛頂経』以後の後期密教については、『秘密集会』や『サンヴァラ』などを補足的に説明するものが多かった。本書は、インド密教の最終段階である『時輪タントラ』までを含めた、はじめてのインド密教の通史として、意義あるものになったと自負している。

本書の刊行に当たっては、春秋社の神田明社長、豊嶋悠吾氏のお世話になった。また故藤田弘基氏が撮影した仏教美術の写真については藤田弘基アーカイブス（版権所有者　茂市久美子先生）、故森一司氏が撮影したラダックの仏教美術の写真については版権管理者の（有）渡辺出版、ギメ美術館の敦煌美術に関してはフランス国立博物館連合（RMN）、大英博物館所蔵の敦煌美術についてはBritish Museum Images、富山県利賀瞑想の郷から提供を受けた。メトロポリタン美術館に関しては、公式写真（寄託作品以外）の多くがフリードメインに移行したため、以前に提供された写真をそのまま使わせていただいた。コロナ禍の困難な状況下で、本書の刊行に協力された方々に深く感謝するものである。

さらに本書「参考文献」で言及した以外にも、多数の研究者の著書、論文を参照させていただいた。末筆となってはなはだ恐縮であるが、記して感謝の意を表させていただきたい。

著者

二〇二二年九月二六日

参考文献

第一章　はじめに（本書全体に関係するもの）

大村西崖『密教発達志』仏書刊行会、一九一八年。

栂尾祥雲『曼荼羅の研究』高野山大学、一九二七年。

――『秘密事相の研究』高野山大学、一九三五年。

石田尚豊『曼荼羅の研究』東京美術、一九七五年。

高田仁覚『インド・チベット真言密教の研究』密教学術振興会、一九七八年。

松長有慶『密教経典成立史論』法藏館、一九八〇年。

――編著『インド密教の形成と展開』法藏館、一九九八年。

――編著『インド後期密教（上）』春秋社、二〇〇五年。

――編著『インド後期密教（下）』春秋社、二〇〇六年。

ソナムギャッツォ（祖南洋）・立川武蔵『西蔵曼荼羅集成』講談社、一九八三年。

津田真一『反密教学』リブロポート、一九八七年。

田中公明『曼荼羅イコノロジー』平河出版社、一九八七年。

――『インド・チベット曼荼羅の研究』法藏館、一九九六年。

――『両界曼荼羅の誕生』春秋社、二〇〇四年。

――『曼荼羅グラフィクス』山川出版社、二〇〇七年。

――『インドにおける曼荼羅の成立と発展』春秋社、二〇一〇年。

――『図説　チベット密教』春秋社、二〇一二年。

――『両界曼荼羅の源流』春秋社、二〇二〇年。

塚本啓祥・松長有慶・磯田熙文編著『梵語仏典の研究Ⅳ　密教経典篇』平楽寺書店、一九八九年。

頼富本宏『密教仏の研究』法藏館、一九九〇年。

桜井宗信『インド密教儀礼研究―後期インド密教の灌頂次第―』法藏館、一九九六年。

森雅秀『マンダラの密教儀礼』春秋社、一九九七年。

――『インド密教の仏たち』春秋社、二〇〇一年。

田中公明・吉崎一美『ネパール仏教』春秋社、一九九八年。

頼富本宏博士還暦記念論集刊行会編『マンダラの諸相と文化』法藏館、二〇〇五年。

宮治昭『インド仏教美術史論』中央公論美術出版、二〇一〇年。

高橋尚夫・野口圭也・大塚伸夫編『空海とインド中期密教』春秋社、二〇一六年。

第二章　インド石窟寺院に見られる密教的要素について

山田耕二「ギャラスプルの四仏について」『佛教藝術』一五六、一九八四年。

――「ナーシク仏教石窟寺院の菩薩像について」『インド・パキスタンの仏教図像調査』弘前大学、一九八五年。

佐藤宗太郎『インド石窟寺院』東京書籍、一九八五年。

定金計次「インド仏教絵画の展開―壁画の変転と礼拝画の成立―」『佛教藝術』二一四、一九九四年。

平岡三保子『インド石窟寺院の成立と展開』山喜房仏書林、二〇〇九年。

立川武蔵・森雅秀編『アジア仏教美術論集　南アジアⅡ』中央公論美術出版、二〇二一年。

第三章　初期密教経典の成立

氏家覚勝『陀羅尼思想の研究』東方出版、一九八七年。

堀内寛仁『堀内寛仁論集（下）』法藏館、一九九六年。

大塚伸夫『インド初期密教成立過程の研究』春秋社、二〇一三年。

高橋尚夫・木村秀明・野口圭也・大塚伸夫編『初期密教　思想・信仰・文化』春秋社、二〇一三年。

田中公明『千手観音と二十八部衆の謎』春秋社、二〇一九年。

――――『蔵漢対照　大悲心陀羅尼経』渡辺出版、二〇二二年。

第四章　『大日経』の先行経典

高田仁覚「曼荼羅の通則について―とくに蕤呬耶経（guhya-tantra）を中心として―」『高野山大学論叢』五、一九七〇年。

酒井眞典『修訂　大日経の成立に関する研究』国書刊行会、一九七三年。

山下博司「Mañjuśrīmūlakalpa 成立史の一断面」『印仏研』二八―一、一九七九年。

頼富本宏「『金剛手灌頂タントラ』の四仏・八大菩薩説」仲尾俊博先生古稀記念『仏教と社会』永田文昌堂、一九九〇年。

飯塚秀譽「Mañjuśrīmūlakalpa 第二章所説の曼荼羅について」『豊山教学大会紀要』二六、一九九八年。

田中公明「トンワトゥンデンとは何か？―タンカの起源と『文殊師利根本儀軌経』―」『密教図像』第二九号、二〇一〇年。

――「胎蔵五仏の成立について――『大日経』の先行経典としての『文殊師利根本儀軌経』――」『密教図像』第三一号、二〇一二年。

――「Trisamayarāja-tantra 所説の曼荼羅について」『密教文化』第二四三号、二〇一九年。

――「Trisamayarājatantra-ṭīkā 初探――『大日経』『金剛頂経』からの引用を中心に――」『智山学報』六九輯、二〇二〇年。

第五章　オリッサの密教美術

佐和隆研編『密教美術の原像』法藏館、一九八二年。

頼富本宏「東インド・オリッサ州所在ウダヤギリ遺跡の新発掘」『佛教万華』、一九九二年。

宮治昭「インドの大日如来像の現存作例について」『密教図像』一四、一九九五年。

森雅秀「オリッサ州カタック地区の密教美術」『国立民族学博物館研究報告』二三―二、一九九八年。

田中公明「オリッサの仏教徒―その歴史と現状―」岐阜女子大学南アジア研究センター研究紀要『南アジア・アフェアーズ』、二〇一〇年。

――「オリッサ州ウダヤギリⅡ出土の石刻陀羅尼について」『東洋文化研究所紀要』一六

六冊、二〇一四年。

――「オリッサ発現の曼荼羅的構造をもったチュンダー（准提）像について」『東洋文化研究所紀要』一七〇冊、二〇一六年。

第六章　『大日経』の成立

松長有慶「大日経の梵文断編について」『印度学仏教学研究』二八、一九六六年。

生井衛（＝智紹）「菩提心偈に関する一考察」『密教文化』九一、一九七〇年。

酒井眞典『酒井眞典著作集』（第１巻　大日経研究）法藏館、一九八三年。

――『酒井眞典著作集』（第２巻　大日経広釈全訳）法藏館、一九八七年。

密教聖典研究会「Transcribed Sanskrit Text of the Amoghapāśakalparāja Part Ⅰ」『大正大学綜合仏教研究所年報』二〇、一九九八年。

――「Transcribed Sanskrit Text of the Amoghapāśakalparāja Part Ⅱ」『大正大学綜合仏教研究所年報』二一、一九九九年。

――「Transcribed Sanskrit Text of the Amoghapāśakalparāja Part Ⅲ」『大正大学綜合仏教研究所年報』二二、二〇〇〇年。

――「『不空羂索神変真言経』梵本写本転写テキスト（４）」『大正大学綜合仏教研

究所年報』二三、二〇〇一年。

――――「『不空羂索神変真言経』梵本写本転写テキスト（5）」『大正大学綜合仏教研究所年報』二六、二〇〇四年。

田中公明「胎蔵大日八大菩薩と八大菩薩曼荼羅の成立と展開」『密教図像』二〇、二〇〇一年。

――――「チベットにおける胎蔵大日如来と胎蔵曼荼羅の伝承と作例について」国際日本文化研究センター『聖なるものの形と場』、二〇〇三年。

――――「胎蔵曼荼羅　第三重の成立過程」『密教図像』二六、二〇〇七年。

第七章　南天鉄塔の謎

栂尾祥雲『秘密仏教史』栂尾祥雲全集刊行会、一九五七年。

乾仁志「『金剛頂タントラ』所説のマンダラについて（I）」『高野山大学論叢』三二、一九九七年。

北村太道『全訳　金剛頂大秘密瑜伽タントラ』起心書房、二〇一二年。

――――『全訳　降三世大儀軌王／同ムディタコーシャ註釈』起心書房、二〇一四年。

徳重弘志「『金剛頂タントラ』のプダク写本について―経函末部に付された「註釈文」を中心に―」『密教文化』二三八、二〇一七年。

第八章　『理趣経』と『理趣広経』

栂尾祥雲『理趣経の研究』高野山大学、一九三〇年。

福田亮成『理趣経の研究―その成立と展開―』国書刊行会、一九八七年。

川﨑一洋「ローマンタン・チャンパ・ラカンの壁画マンダラについて―二階の瑜伽タントラ階梯のマンダラを中心に―」『密教図像』一七、一九九八年。

――「チャンパ・ラカン現存の『理趣広経』「真言分」所説の曼荼羅」『高野山大学大学院紀要』四、二〇〇〇年。

――「チベットにおける『理趣広経』の曼荼羅の伝承―シャル寺南堂の作例を中心に―」『密教図像』二〇、二〇〇一年。

――「『理趣経』十七尊曼荼羅の成立に関する一試論」『智山学報』五六、二〇〇七年。

徳重弘志「『理趣広経』「弟子引入広大儀軌のタントラ」における潅頂―和訳および校訂テクスト―」『高野山大学大学院紀要』一三、二〇一三年。

――「『理趣広経』「真言分」のプダク写本について―資料編―」『高野山大学密教文化研究所紀要』二八、二〇一五年。

田中公明「金剛手の図像的展開―『理趣経』「大楽の法門」の重説を中心にして―」『密教文

化』二三六号、二〇一六年。

第九章　『初会金剛頂経』の構成

高田修「五部心観の研究―その記入梵語に基く考察」『美術研究』一七三、一九五四年。

堀内寛仁『初会金剛頂経の研究　梵本校訂篇（上）』密教文化研究所、一九八三年。

――『初会金剛頂経の研究　梵本校訂篇（下）』密教文化研究所、一九七四年。

――『堀内寛仁論集（上）』法藏館、一九九六年。

酒井眞典『酒井眞典著作集』（第3巻　金剛頂経研究）法藏館、一九八五年。

野口圭也「Samputodbhavatantraと『秘密相経』」『豊山学報』三一、一九八六年。

乾仁志「『初会金剛頂経』所説のマンダラについて（前）」『高野山大学密教文化研究所紀要』九、一九九五年。

――「『初会金剛頂経』所説のマンダラについて（後）」『高野山大学密教文化研究所紀要』一〇、一九九七年。

田中公明「報身の五決定について」『東方』一二、一九九六年。

――「ローマンタン・チャンパラカン二階の曼荼羅壁画について」『アジア仏教美術論集　中央アジアⅡ（チベット）』中央公論美術出版、二〇一八年。

立川武蔵・正木晃編『チベット仏教図像研究』（『国立民族学博物館研究報告別冊』一八号）一九九七年。

川崎一洋「金剛界曼荼羅の諸相―「金剛界品」所説の六種曼荼羅を中心に―」『密教学研究』三七、二〇〇五年。

第十章　南天鉄塔の謎を解く

内藤藤一郎「上代塔基四方四仏の成立過程について―法隆寺壁画四方四仏浄土変考補説―」『東洋美術』一三、一九三一年。

頼富本宏「インドに現存する両界系密教美術」『佛教藝術』一五〇、一九八三年。

定方晟「クリシュナ河下流域の刻文の和訳」『東海大学紀要文学部』六一、一九九四年。

――「クリシュナ河下流域の仏教遺跡」『東海大学紀要文学部』六三、一九九五年。

村松哲文「山東省神通寺四門塔内の四仏について」『美術史研究』四一、二〇〇三年。

第十一章　敦煌密教とチベット仏教ニンマ派

東洋文庫チベット研究委員会『スタイン蒐集チベット語文献解題目録』第一分冊～第一二分冊、一九七七～一九八八年。

山口瑞鳳「吐蕃王国仏教史年代考」『成田山仏教研究所紀要』三、一九七八年。

J・F・ジャリージュ他『西域美術―ギメ美術館ペリオ・コレクション―』（I）講談社、一九九四年。

田中公明『敦煌　密教と美術』法藏館、二〇〇〇年。

――「西夏・元時代のシルクロード密教とその図像―ハラホト出土の宝楼閣曼荼羅を中心にして―」木村清孝博士還暦記念論集『東アジア仏教―その成立と展開』春秋社、二〇〇二年。

――「『パンタンマ目録』と敦煌密教」『東方』第二六号、二〇一一年。

――『敦煌出土　忿怒五十八尊儀軌』渡辺出版、二〇二〇年。

川越英真「『パンタン目録』の研究」『日本西蔵学会会報』第五一号、二〇〇五年。

第十二章　『秘密集会タントラ』と後期密教

松長有慶『秘密集会タントラ　校訂梵本』東方出版、一九七八年。
K. W. Eastman「チベット訳 Guhyasamājatantra の敦煌出土写本」『日本西蔵学会会報』二六、一九八〇年。
羽田野伯猷「秘密集タントラにおけるジュニャーナパーダ流について」「Tāntric Buddhism

における人間存在」『チベット・インド学集成』（第三巻　インド篇Ⅰ）法藏館、一九八七年。

田中公明「『秘密集会』ジュニャーナパーダ流の新出文献 Mañjuvajramukhyākhyāna について」高崎直道博士還暦記念論集『インド学仏教学論集』春秋社、一九八七年。

――「ハリプルの四仏について」『密教図像』二七、二〇〇八年。

――『梵蔵対照『安立次第論』研究』渡辺出版、二〇一六年。

――『梵文『普賢成就法註』研究』渡辺出版、二〇一七年。

――『梵文　文殊金剛口伝研究』渡辺出版、二〇一八年。

酒井眞典『酒井眞典著作集』（第四巻　後期密教研究）法藏館、一九八九年。

佐藤　努「ジニャーナパーダ流のマンダラ構成」『密教図像』一四、一九九五年。

川﨑一洋「『幻化網タントラ』の構造―曼荼羅を中心として―」『密教文化』一九八、一九九七年。

――「『幻化網タントラ』に見られる五秘密思想」『密教文化』二一一、二〇〇三年。

静春樹「金剛乗とタントラ分類」『密教文化』二一七、二〇〇六年。

第十三章　生起次第と究竟次第

酒井眞典『修訂増補　チベット密教教理の研究』国書刊行会、一九七四年。

羽田野伯猷「Tāntric Buddhism における人間存在」『チベット・インド学集成』（第三巻）法藏館、一九八七年。

田中公明『性と死の密教』春秋社、一九九七年。

――「チベット密教における死の理論とその文献的な典拠について」『宗教研究』第八〇巻第四輯、二〇〇七年。

――『『金剛阿闍梨最上理趣』の究竟次第』渡辺出版、二〇二一年。

第十四章　母タントラの成立と展開

福田亮成「『一切仏平等瑜伽タントラ』の一考察」梶芳光運博士古稀記念論文集『仏教と哲学』、一九七四年。

島田茂樹「ヘーヴァジュラ曼荼羅の構成―その成立と展開―」『密教図像』三、一九八四年。

田中公明「『一切仏集会拏吉尼戒網タントラ』とその曼荼羅について」『密教図像』第三号、一九八四年。

――「『一切佛集會拏吉尼戒網瑜伽』所説「九味」考」『東方』第五号、一九八九年。

――「『一切佛集會拏吉尼戒網瑜伽』所説「九味」再考」『印仏研』四一―一、一九九二年。

――「『金剛場荘厳タントラ』の成立とインド密教史上における位置」『東洋文化研究所紀要』一五二、二〇〇七年。

――「『アームナーヤ・マンジャリー』に見るサンヴァラ曼荼羅の解釈法」『インド哲学仏教学研究』一六、二〇〇九年。

森雅秀「パーラ朝の守護尊・護法尊・財宝神の図像的特徴」『名古屋大学古川総合研究資料館報告』六、一九九〇年。

杉木恒彦「サンヴァラ系密教諸流派の生起次第」『東京大学宗教学年報』XIV、一九九七年。

――「『チャクラサンヴァラタントラ』の成立段階について―および Jayabhadra 作 Śrīcakrasaṃvarapañjikā 校訂梵本―」『智山学報』五〇、二〇〇一年。

――『サンヴァラ系密教の諸相―行者・聖地・身体・時間・死生―』東信堂、二〇〇七年。

桜井宗信「Cakrasaṃvarābhisamaya 研究（1）―原典資料と註釈書の書誌研究―」『密教学研究』二九、一九九七年。

――「Cakrasaṃvarābhisamaya の原典研究」『智山学報』四七、一九九八年。

松長恵史『インドネシアの密教』法藏館、一九九九年。

第十五章　『時輪タントラ』

羽田野伯猷「タントラ仏教におけるカーラチャクラ（時輪）の位置」「時輪タントラ成立に関する基本的課題」『チベット・インド学集成』（第三巻　インド篇Ⅰ）法藏館、一九八七年。

栂尾祥雲「時輪経の研究」『後期密教の研究　下』臨川書店、一九八九年。

田中公明『超密教　時輪タントラ』東方出版、一九九四年。

――「コスモロジーと曼荼羅」『密教図像』一三、一九九四年。

――「『時輪タントラ』―最高の不変大楽とは何か」立川武蔵・頼富本宏編『シリーズ密教1　インド密教』春秋社、一九九九年。

――「カーラチャクラ・タントラ」松長有慶編『インド後期密教　下』春秋社、二〇〇六年。

図版を使用した書籍

田中公明編『藤田弘基アーカイブス　仏教美術遺作写真データベース』渡辺出版、二〇二〇年。

森一司ほか『ラダック・ザンスカールの仏教壁画―西チベット残照―』渡辺出版、二〇一一年。

［注記］著書、論文は邦文のもの（日英二カ国語を含む）のみ挙げた。順番は発表年順としたが、同一の著者の作品は一つにまとめ、最初の著作の発表年順に配列した。学術誌に掲載された論文が、後に著作集や全集にまとめられた場合は、原則として著作集や全集の方を掲載したが、各章の記述が特定の論文を参照している場合は、論文名を挙げた。

索　引

ス

セ

ソ

タ

チ

ツ

テ

ト

ナ

ニ

ネ

ハ

ヒ

フ

【著者紹介】
田中公明（たなか きみあき）
1955年、福岡県生まれ。1979年、東京大学文学部卒。同大学大学院、文学部助手（文化交流）を経て、（財）東方研究会専任研究員。2014年、公益財団化にともない（公財）中村元東方研究所専任研究員となる。2008年、文学博士（東京大学）。ネパール（1988-1989）、英国オックスフォード大学留学（1993）各1回。現在、東方学院講師、東洋大学大学院講師、高野山大学客員教授（通信制）［いずれも非常勤］、富山県南砺市利賀村「瞑想の郷」主任学芸員、チベット文化研究会副会長。密教や曼荼羅、インド・チベット・ネパール仏教に関する著書・訳書（共著を含む）は本書で63冊となり、論文は約130編。詳しくは、下記の個人ホームページとyoutubeチャンネルを参照。
http://kimiakitanak.starfree.jp/
https://www.youtube.com/channel/UCG1K_3Zcs8JWYn7WDKXuVqQ/videos

インド密教史

2022年10月30日　第1刷発行

著　　者	田中公明
発 行 者	神田　明
発 行 所	株式会社 春秋社
	〒101-0021　東京都千代田区外神田2-18-6
	電話　03-3255-9611（営業）
	03-3255-9614（編集）
	振替　00180-6-24861
	https://www.shunjusha.co.jp/
装 幀 者	鈴木伸弘
印刷・製本	萩原印刷株式会社

ISBN978-4-393-13458-0　定価はカバー等に表示してあります

松長有慶編著

インド後期密教（上）〈新装版〉

方便・父タントラ系の密教

タントラ仏教とも称されるインド後期密教のうち、父（方便）タントラに焦点を当て、『秘密集会』などの代表的な聖典の教えをマンダラや成就法を含めて総合的に解説。　３０８０円

松長有慶編著

インド後期密教（下）〈新装版〉

般若・母タントラ系の密教

タントラ仏教とも称されるインド後期密教のうち、母（般若）タントラに焦点を当て、チャクラや脈管を使用する瞑想法の解説を中心に『ヘーヴァジュラ』などの聖典を紹介。　３０８０円

高橋尚夫・野口圭也・大塚伸夫編

空海とインド中期密教

『大日経』『金剛頂経』などの経典に見られる思想と実践、曼荼羅や密教美術などの特徴から、空海がそれらをどのように受容し展開して、「真言密教」を確立したかを探る。　３０８０円

田中公明

仏菩薩の名前からわかる　大乗仏典の成立

大乗経典の特徴とも言える、冒頭にあげられる菩薩の名前などから、在家菩薩の存在と活動に注目し、大乗仏教の誕生と経典の成立史の問題を論じる画期的な論考。　３３００円

田中公明

両界曼荼羅の源流

胎蔵・金剛界の両界曼荼羅の成立過程をインドに遡って解明。あわせてインドの後期密教や日本独自の曼荼羅も多数紹介した格好の入門書。『両界曼荼羅の誕生』の大幅リニューアル。　３３００円

※価格は税込（10％）